David Cox

Analytische Psychologie

Eine Einführung in die Lehre von C. G. Jung

Deutsche Erstveröffentlichung

Wilhelm Goldmann Verlag

Titel der englischen Originalausgabe:
»Analytical Psychology«
»An Introduction to Jungian Psychology«
Originalverlag: Hodder & Stoughton, London.
Aus dem Englischen übertragen
von Hildegard Schmid.

70712 · Made in Germany · I · 1106
Genehmigte Taschenbuchausgabe. © der Originalausgabe 1964, 1973 by David
Cox. © der deutschsprachigen Ausgabe 1977 by Wilhelm Goldmann Verlag,
München. Umschlagentwurf: Creativ Shop, A. + A. Bachmann, München.
Umschlagbild: Dell Books, New York. Satz: IBV Lichtsatz KG, Berlin. Druck:
Presse-Druck Augsburg. Verlagsnummer: 11119 · Groth/Papenbrok
ISBN 3-442-11119-6

Inhalt

Vorwort

Es ist zweifellos der Mühe wert, C. G. Jung und seine Theorien zu verstehen. Aber ein Studium der Psychologie Jungs anhand seiner eigenen Texte ist recht schwierig. Als Analytiker der Jungschen Schule werde ich oft nach Büchern gefragt, die seine Ideen allgemeinverständlich darstellen. Es gibt vergleichsweise wenige solche Bücher, und ich wüßte keines, das mit solcher Klarheit und Einfachheit einen so guten Überblick über die Elemente der Jungschen Psychologie gibt wie das vorliegende. Der Verfasser ist selbst kein Analytiker und hat sich vielleicht gerade deshalb so sehr bemüht, die Fachausdrücke zu erklären oder ohne sie auszukommen.

Eines der Hauptprobleme für den Laien besteht wohl darin, sich in der Vielfalt von Theorien und Ansichten zurechtzufinden, die alle unter dem Namen »Psychologie« laufen. Um hierbei eine Hilfestellung zu geben, wird in den ersten drei Kapiteln zunächst einmal der Untersuchungsgegenstand der Psychologie klar umrissen und anschließend ein Überblick über die zeitgenössischen Theorien gegeben, die neben der von C. G. Jung existieren. Kapitel 4 behandelt die Aspekte psychischer Vorgänge, die von den meisten psychotherapeutischen Schulen gleichermaßen anerkannt werden. In Kapitel 5 bis 9 werden die zentralen Begriffe Jungscher Psychologie erklärt. Und das letzte Kapitel gibt einen kurzen Überblick über die Eindrücke, die der Verfasser von der praktischen Analyse gewann.

Gut zu unterrichten ist eine Kunst – und jeder gute Unterricht trägt den Stempel der Persönlichkeit des Lehrers. Auch dieses Buch bildet da keine Ausnahme. Es zeigt bestimmte Tendenzen und Vorlieben; so befaßt es sich in erster Linie mit der Natur des Menschen und seinem Bedürfnis nach Selbsterkenntnis und weniger mit dem klinischen Aspekt von Krankheit und Gesundheit. Doch ist dieser Ansatz berechtigt und wertvoll, einfach weil Jungs Untersuchungen so enorm vielfältig waren, und ihre Bedeutung weit über die engen Grenzen medizinischer bzw. klinischer Psychologie hinausging.

Es ist vielleicht interessant, wenn ich aufzeige, wo sich aus meinem Blickwinkel als Analytiker andere Schwerpunkte ergeben. Der

Analytiker hat über lange Zeiträume hinweg Einblick in das Innen-leben von Individuen und betrachtet deshalb den unbewußten Geist als lebendigen Prozeß, der sowohl Kontinuität als auch Zielstrebig-keit besitzt. Die Symbole und die symbolschaffende Aktivität des unbewußten Geistes sind immerfort gegenwärtige Realitäten. Der bewußte Geist dagegen hat weniger Kraft, Wirksamkeit und Konti-nuität. Er stirbt jede Nacht im Schlaf und wird vom Gesundheitszu-stand, vom Grad der Müdigkeit und einer Reihe anderer innerer und äußerer Faktoren beeinflußt. Dem Analytiker scheint es oft so, als ob eher die Fluktuationen des Bewußtseins als die des Unbewußten als »merkwürdige Vorgänge« beschrieben werden könnten.

Trotzdem hat der Geist als ganzer »psychische Realität«, wie Jung es nennt; eine Realität, die sich von der materiellen Realität des Kör-pers und der Außenwelt unterscheidet, von der wir aber dennoch wissen, daß sie existiert, weil wir sie selbst erfahren und weil sie auf die äußere Welt einwirkt.

Für die praktische Analyse sind Träume ein wichtiger Bestandteil der Realität des Geistes. Wenn ein Traum richtig interpretiert wird, dann erweitert und stärkt das den bewußten Geist durch neue Ein-sichten. Es ist z. B. durchaus möglich, daß das Verstehen nur eines einzigen Traumes eine Wandlung der gesamten Persönlichkeit be-wirken kann. Mitunter kann man sogar bei einer Reihe von Träumen einen bestehenden Sinnzusammenhang aufzeigen. Das ist dann nicht nur für den Patienten sehr hilfreich, sondern weist zugleich darauf hin, daß »Sinn« eines dem menschlichen Geist innewohnen-des Merkmal ist. Die Realisation von »Sinn« erfordert eine Koope-ration des bewußten und des unbewußten Geistes.

Jung erkannte, daß ein »Gefühl für den Sinn des Lebens« von we-sentlicher Bedeutung ist für die Gesundheit eines Menschen, für sein Glück und sogar für seinen gesunden Verstand. Allerdings verän-dert sich der Inhalt dieses »Sinnes« mit den verschiedenen Stadien des Lebenszyklus. In der ersten Lebenshälfte befaßt sich der »Sinn« mit dem Aufbau des Ich, mit der Erfüllung biologischer Bedürfnisse und Aufgaben und mit der Eroberung eines Platzes in der Welt. In der zweiten Lebenshälfte wandelt sich die Sphäre des Sinnes in Richtung auf ein inneres Verstehen. Freilich erreicht nicht jeder diese Phase des Verstehens; doch wem es gelingt, der durchläuft ei-nen Entwicklungsprozeß, den Jung »Individuation« nannte. Als

Ergebnis der Individuation ist die Persönlichkeit zu einem einzigartigen Ganzen reintegriert; zu einem Ganzen, in dem das Ich etwas anderem, das innerhalb der Psyche größer ist als es, untergeordnet ist. Und dieses größere Etwas hat Jung das »Selbst« genannt.

Die Punkte, die ich hier erwähnt habe, befassen sich ganz offensichtlich alle mit dem Geist, d. h. damit, wie dieser sich im Lauf der Zeit und im Lebenszyklus des Individuums entwickelt. Das ist das Hauptthema für den Analytiker, der ständig mit der Psychologie eines bestimmten Individuums in einem ganz bestimmten Lebensabschnitt und in einer bestimmten Lebenssituation konfrontiert wird. Die Aufgabe des Analytikers besteht darin, dem Patienten bei der Suche nach dem Sinn seines Lebens zu helfen, der aufgrund mangelnder Zusammenarbeit von Bewußtsein und Unbewußtem verlorengegangen ist.

Der Autor hat keinen dieser Punkte außer Acht gelassen. Nur hat er in seiner Darstellung die Zeitdimension den strukturellen Aspekten der Psyche untergeordnet. Das war jedoch klug und wohldurchdacht, denn nur so konnte er einen Stoff, der äußerst schwierig ist, bemerkenswert einfach und klar darstellen. Jeder, der mit der enormen Reichweite und Tiefe von Jungs Gedankengut vertraut ist, wird die Leistung des Autors zu schätzen wissen.

Faye Pye
B. A. Cantab., M. A. (Psych.), Lond.,
L. R. C. P., M. R. C. S.

1. Was ist Psychologie?

Denken

Die Psychologie befaßt sich in erster Linie mit dem, was im menschlichen Geist vor sich geht. Hat jemand z. B. Angst, dann geschehen gleichzeitig die verschiedensten Dinge – und einige davon sind Gegenstand der Psychologie. So fließen, wenn ein Mensch Angst hat, elektrische Ströme zwischen den Zellen seines Gehirns und im gesamten Nervensystem; eine chemische Substanz, Adrenalin genannt, wird in den Blutkreislauf gepumpt; und der Mensch empfindet Angst. Wenn wir uns überlegen, was es heißt »Angst zu haben«, dann denken wir vielleicht an alle diese Dinge, die ja auch irgendwie zusammengehören. Denn spritzt man einer Person Adrenalin ins Blut, dann bemerkt man, wie sie Angst bekommt, obwohl gar kein Grund für eine solche Angst vorhanden ist. Ob aber unsere Untersuchungen über das Angst-Haben Psychologie sind oder nicht, das hängt davon ab, was wir erforschen und wie wir es tun.

Es ist durchaus möglich, über Angst nachzudenken, ohne dabei das Gefühl der Angst zu berücksichtigen. Man kann beispielsweise die elektrischen Entladungen im Gehirn und im Nervensystem untersuchen und feststellen, wie sie untereinander und mit den Körperbewegungen des Menschen, der Angst hat, in Beziehung stehen. Beschäftigt man sich in dieser Weise mit der Angst, so ist die Betrachtungsweise keine psychologische, sondern wird »neurologisch« genannt; Neurologie heißt Studium des Nervensystems. Jemand anderes untersucht vielleicht die Art und Weise, wie die Drüsen unseres Körpers Adrenalin erzeugen, wenn wir Angst haben; das wiederum wäre Biochemie – die Erforschung der chemischen Vorgänge im Lebendigen. Von Psychologie sollen wir nur dann sprechen, wenn wir uns mit dem tatsächlichen inneren Gefühl des Angsthabens befassen – obwohl man auch in der Psychologie nicht außer acht läßt, wie dieses Gefühl mit dem Gehirn, dem Nervensystem und den Drüsen in Zusammenhang steht. Psychologie beschäftigt sich mit dem, was in unserem Geist vor sich geht; wobei wir uns stets darüber klar sein sollten, daß dies etwas anderes ist als das, was im Gehirn geschieht. Die Psychologie befaßt sich mit Furcht, Denken, Hoffen, Entscheidungen treffen usw.

Verhalten

Die Psychologie beschäftigt sich auch mit dem, was die Menschen tun. Wenn ein unbewaffneter Mensch auf einen Löwen trifft, dann hat er wahrscheinlich Angst; und wenn jemand Angst hat, dann läuft er vermutlich davon. Da also die Person vor dem, was ihr Angst einflößt, wegläuft, besteht offenbar ein Zusammenhang zwischen ihrer Angst und ihrem Davonrennen. Und wie wir über das Angsthaben auf verschiedene Weise nachdenken können, so besteht auch die Möglichkeit, sich auf verschiedene Weise mit diesem Zusammenhang zwischen Angsthaben und Weglaufen zu befassen. Zum Beispiel kann man untersuchen, wie das vom Körper produzierte Adrenalin die Fähigkeit wegzulaufen beeinflußt, oder man kann sich fragen, welche Art von Bildern diesem Menschen wohl durch den Kopf schießen, während er wegrennt. Ersteres wäre eine biochemische, letztere eine psychologische Betrachtungsweise. Begreift man das Weglaufen irgendwie als Reaktion auf die Angst oder vielleicht als Ausdruck dieser Angst, dann ist das Davonlaufen Gegenstand der Psychologie; denn man betrachtet das Verhalten dieses Menschen als Auswirkung dessen, was in seinem Geist vor sich geht. Mit anderen Worten: Psychologie beschäftigt sich häufig sowohl mit dem, was Leute tun, als auch mit dem, was sie denken oder fühlen.

Doch nicht jede Art von menschlichem Verhalten ist Gegenstand der Psychologie. Wenn beispielsweise ein Arzt einen Patienten untersucht, dann klopft er diesem vielleicht unterhalb des Knies auf das Bein. Und ist der Patient gesund, dann schnellt dabei sein Fuß nach vorne. Diese Reaktion wird »Reflex« genannt und ist, soweit man weiß, eine rein physikalische Reaktion seitens der Nerven im Bereich des Knies. Sie scheint weder mit dem Gehirn noch mit dem Geist in Zusammenhang zu stehen. Reflexe dieser Art, die zum Mechanismus des menschlichen Körpers gehören, sind normalerweise nicht Untersuchungsobjekt der Psychologie – obwohl es manchmal vorkommen kann, daß psychologische Ursachen das Funktionieren solcher Reflexe beeinträchtigen oder verhindern.

Stolpert jemand auf einer Treppe und fällt die Stufen hinunter, so kann man die Art des Fallens sowie den Ablauf des Sturzes untersuchen; mit Psychologie hat das jedoch nichts zu tun. War die Treppe noch dazu schlecht beleuchtet und rutschig, dann ist es gewiß schwierig, eine psychologische Erklärung für den Sturz zu geben. Fällt andrerseits eine Person in ihrem eigenen Haus, auf einer ihr vertrauten und gut beleuchteten Treppe, dann kann man in so einem Fall nach psychologischen Gründen für den Sturz suchen. Diese Beispiele machen deutlich, daß das Verhalten häufig psychologisch untersucht werden kann; sie zeigen aber auch, wie schwierig es sein kann zu erkennen, wann ein Verhalten psychologisch untersucht werden sollte und wann nicht. Im allgemeinen gilt hierbei etwa folgende Regel: Die Untersuchung von Verhalten gehört dann in den Bereich der Psychologie, wenn das Verhalten eines Menschen darauf zurückzuführen ist, daß er eben dieser ganz spezifische Mensch ist – und nicht etwa daraus resultiert, daß sein Körper durch irgendeine Kraft von außen beeinflußt wird.

Wahrnehmung

Wenn wir von Verhalten sprechen, so neigen wir dazu, darunter ausschließlich Handlungen zu verstehen, d. h. Dinge, die wir tun und von denen wir wissen, daß wir sie tun. Es gibt jedoch noch eine andere Art von Verhalten, die wir, obwohl sie fast ständig stattfindet, oft gar nicht bemerken. Denn egal ob wir sitzen, stehen oder gehen, wir nehmen immer auf irgendeine Weise Notiz von unserer Umgebung. Wir bemerken die Stühle und Tische in einem Raum, die Geschäfte in der Stadt und die Menschen, die uns begegnen. Wir fügen unserer Umwelt also nicht nur Dinge zu, sondern wir nehmen auch Notiz von der Beschaffenheit dieser Welt. Diese Art von Verhalten wird »Wahrnehmen« oder »Wahrnehmung« genannt – und sie kann, ebenso wie das Angsthaben, sowohl auf psychologische als auch auf andere Weise betrachtet werden.

Ein Mensch geht bei Tag in seinen Garten und sieht dort eine rote Rose. Das ist ein ganz einfacher Vorgang, denken wir auf Anhieb

– schon weil wir, solange wir wach sind, eigentlich immerzu etwas sehen. Doch betrachten wir einmal näher, was da geschieht, dann zeigt sich, daß es tatsächlich alles andere als einfach ist. Ohne das Licht, das auf einen Gegenstand fällt, könnte der Mensch weder eine Rose noch irgendetwas anderes erkennen. Die Physik lehrt uns, daß ein Teil des Lichtes, das auf die Rose fällt, zum Auge des Menschen, der sie anschaut, zurückgeworfen wird. Die vom Auge eingefangenen Lichtstrahlen werden dann von der Linse des Auges gebündelt und treffen in konzentrierter Form auf die dahinterliegende Netzhaut. Dadurch wird der Sehnerv angesprochen und elektrische Impulse entlang des Nerven erzeugen elektrische Schwingungen im Gehirn. Die Frequenz dieser Schwingungen steht im Zusammenhang mit der roten Farbe der Rose, die das Auge betrachtet. Zur gleichen Zeit »sieht« der Mensch die Rose – und zwar nimmt er nicht nur einen Farbfleck wahr, sondern etwas, das er eindeutig als Rose erkennt. Wenn wir von »Wahrnehmung« sprechen, meinen wir den gesamten Prozeß, der abläuft, wenn wir eine Rose (oder jeden anderen Gegenstand) sehen. »Wahrnehmung« schließt also sowohl die Tatsache ein, daß wir die Dinge, die wir anschauen, als solche erkennen, als auch, daß wir die verschiedenen Farben auseinanderhalten.

Offensichtlich können uns sowohl die Physik als auch die Neurologie bei der Erforschung der Wahrnehmung helfen; viele Aspekte der Wahrnehmung eignen sich nicht für eine psychologische Betrachtung. Auf der anderen Seite stellt die Tatsache, daß wir uns bewußt sind, z. B. eine Rose zu sehen, eindeutig einen Beweis für bestimmte Vorgänge in unserem Geiste dar und darf deshalb von der Psychologie nicht außer acht gelassen werden.

Halluzination

Wenn wir uns mit der Wahrnehmung befassen, sollten wir auch die Halluzination erwähnen. Wir sagen, wir nehmen etwas wahr, wenn wir einen tatsächlich vorhandenen Gegenstand sehen. Manchmal glauben jedoch Leute, Dinge zu sehen (oder auch zu fühlen oder zu hören), die gar nicht da sind; das nennt man Halluzination. Steht fest, daß es für eine Halluzination keine physikalische Erklärung gibt, dann kann es angebracht sein, sie psychologisch zu untersuchen; dann nämlich können wir fragen, warum diese bestimmte Person gerade jenes Ding zu sehen glaubte.

Bei manchen Gelegenheiten, bei denen wir etwas wahrzunehmen glauben, das gar nicht da ist, wäre jedoch eine psychologische Betrachtungsweise völlig fehl am Platz. Ein einfaches Beispiel hierfür ist ein Mensch, dem man ein Bein abgenommen hat. Denn es kann geschehen, daß er Schmerzen und Krämpfe oder die Bewegungen der Zehen in dem nicht mehr vorhandenen Fuß spürt. Das läßt sich nun offenbar ganz einfach mit Hilfe des Nervensystems erklären. Die Nerven, die die »Botschaften« vom Fuß zum Gehirn übermitteln, laufen durch den gesamten Körper. Bei der Amputation des Beines wurden sie nur abgeschnitten, nicht insgesamt entfernt. Nehmen wir z. B. an, das Telefonkabel zwischen Köln und Düsseldorf sei in Benrath (südlicher Vorort von Düsseldorf) durchgeschnitten und anschließend eine Nachricht von Benrath nach Köln durchgegeben worden. Wenn der Empfänger in Köln nicht weiß, daß die Leitung durchgetrennt wurde, dann kann er unmöglich den Unterschied zwischen der Nachricht aus Benrath und einer, die aus Düsseldorf kam, feststellen. Er weiß lediglich, daß ihn die Nachricht über die Leitung aus Düsseldorf erreicht hat. In genau der gleichen Weise kann eine Reizung der Nerven, die normalerweise vom Fuß zum Gehirn verlaufen, die aber durch die Beinamputation abgetrennt wurden, den Eindruck von Schmerzen oder Bewegungen am (nicht mehr vorhandenen) Fuß hervorrufen.

Teilbereiche der Psychologie

Die Psychologie befaßt sich mit unseren Gedanken, einem Großteil unseres Verhaltens und unseren Wahrnehmungen der Außenwelt; doch kann man diese Dinge auf ganz verschiedene Weise untersuchen. Die Psychologie umfaßt viele verschiedene wissenschaftliche Einzelbereiche, die sich alle mit den gleichen Dingen beschäftigen. »Psychologie« kann z. B. bedeuten, daß man über die Natur unserer geistigen Aktivitäten wie Hoffen, Wünschen und Entscheidungen treffen Überlegungen anstellt oder, daß man die Worte, mit denen man über jene Dinge spricht, untersucht oder auch, daß man die Art und Weise, wie Menschen tatsächlich denken oder sich verhalten, erforscht, aber auch die Überlegungen, in welcher Weise Menschen geholfen werden kann, in deren Geist etwas falsch abläuft, können darunter verstanden werden. Das vorliegende Buch befaßt sich mit einer bestimmten Richtung der Psychologie, zuvor aber soll in diesem Kapitel ein kurzer Überblick über andere Richtungen und Bereiche der Psychologie gegeben werden.

Philosophische Psychologie Es gab Leute, die behaupteten, daß das einzige, wonach jeder seit Menschengedenken strebe, sein »Vergnügen« sei und daß alles Wünschen und Begehren nur darauf gerichtet seien. Uns interessiert hier nicht, ob das wahr ist oder nicht, sondern diese Behauptung soll lediglich die Denkart kennzeichnen, die man »philosophische Psychologie« nennen könnte. Eine solche Psychologie versucht das, was ständig um uns herum geschieht, besser zu verstehen; sie beschäftigt sich also mit Dingen, über die wir an und für sich recht gut Bescheid wissen, die sich bei näherer Betrachtung jedoch als ziemlich kompliziert herausstellen. Ein Beispiel hierfür: das Treffen einer Wahl oder Entscheidung. Wie ist es, wenn wir uns zwischen mehreren Handlungsmöglichkeiten entscheiden müssen? Warum entscheiden wir uns dafür, das eine zu tun und das andere zu lassen? Wie weit beeinflußt uns dabei unser »Pflichtgefühl«, unser »Gewissen«, unsere Moralvorstellung? Wie gelingt es uns, zwischen einer Sache, die wir sehr gern tun würden, und einer anderen, die uns zwar widerstrebt, zu der wir uns jedoch verpflichtet fühlen, zu entscheiden? Wenn wir davon sprechen, »völlig frei« wählen zu können, bezieht sich das dann nur auf die Tatsache, daß die Umstände uns keine bestimmte Wahl aufzwingen, oder meinen wir damit nicht doch mehr? Wenn wir so handeln, wie wir es tun, eben weil wir so eine Sorte Mensch sind, wie wir es sind – kann man dann tatsächlich noch behaupten, wir seien »frei« gewesen, etwas anderes zu tun? Mit solchen und ähnlichen Fragen haben sich Philosophen bereits seit sehr, sehr langer Zeit beschäftigt, meist in Verbindung mit Verhaltensfragen; und jede Forschung dieser Art ist Psychologie.

Die moderne Philosophie in England widmet der Art, wie wir Worte verwenden, größte Aufmerksamkeit – was seine Auswirkung auch auf die philosophische Psychologie hat. Psychologie dieser Art kann sich damit beschäftigen, was wir mit Worten wie »Furcht«

oder »Haß« meinen. Wir reden oft so, als sei »Haß« etwas, das der Mensch in seinem Inneren trage; doch ist es schwierig festzustellen, was damit tatsächlich gemeint ist. Möglich wäre, daß wir, wenn von »Haß« die Rede ist, lediglich von den Gedanken und dem Verhalten der Leute sprechen. Wenn also John den Jack haßt, dann könnte man sagen: Das bedeutet, daß John auf sehr unschöne Weise mit Jack redet, daß es ihm Freude macht, sich vorzustellen, Jack stießen alle möglichen schlimmen Dinge zu, daß er keinen Finger rühren würde, um Jack zu helfen, ihn stattdessen eher noch behindern würde usw. – all das würden wir dann unter dem Wort »Haß« verstehen. Noch einmal sei wiederholt: Es kommt hier nicht darauf an, ob diese Darstellung der Bedeutung eines Wortes wie »Haß« stimmt oder nicht; es handelt sich hier lediglich um ein Beispiel für die Art der Gegenstände, mit denen sich die philosophische Psychologie befaßt.

Statistische Psychologie Vor einiger Zeit hat der Amerikaner Kinsey zwei umfangreiche Bücher über das Sexualverhalten der Menschen veröffentlicht. In der Einleitung führte er aus, daß es, bevor man sich zu sehr den Kopf darüber zerbricht, wie Menschen sich in sexueller Hinsicht verhalten sollten, vielleicht erst einmal besser sei zu versuchen, ihr tatsächliches Verhalten herauszufinden. Zu diesem Zweck sammelte er Angaben und Aussagen von einer Vielzahl von Leuten und wertete diese statistisch aus; er rechnete beispielsweise den Prozentsatz der verheirateten Männer zwischen (sagen wir) 30 und 40 aus, die mit anderen Frauen außer der eigenen sexuelle Beziehungen unterhielten. Statistische Psychologie besteht zum Großteil aus breit angelegten Umfragen, mit deren Hilfe herausgefunden werden soll, wie sich Menschen im Zusammenhang mit dieser oder jener Angelegenheit verhalten oder was sie darüber denken. Die Ergebnisse solcher Umfragen werden dann so ausgewertet, daß sie Verhaltensmuster aufzeigen – alle, die sich auf ähnliche Weise verhalten, werden in einer Gruppe zusammengefaßt, und diese Gruppierung wird dann mit anderen verglichen, in die man dieselben Leute noch einteilen kann, z. B. nach ihrer sozialen Herkunft, ob sie Stadt- oder Landbewohner, Einzelkinder oder eines von mehreren Geschwistern sind.

Die zahlreichen Tests, die heutzutage für die verschiedensten

Zwecke durchgeführt werden, gehören auch zur statistischen Psychologie. Intelligenztests sollen ermitteln, inwieweit Menschen die Fähigkeit besitzen, bei dem vorgelegten Material Unterschiede herauszufinden und Beziehungen herzustellen. Es gibt Persönlichkeitstests, die aufzeigen sollen, wie weit eine Neurose bereits fortgeschritten ist oder wie stark eine Person introvertiert oder extravertiert ist. Ferner werden Tests durchgeführt, um die Wahrnehmungsfähigkeit unter normalen Umständen mit der in Ausnahmesituationen zu vergleichen, z. B. in einem Notfall oder unter Drogeneinfluß. Der Anwendungsbereich der statistischen Psychologie ist so groß wie die Skala menschlichen Verhaltens, und ein Großteil der Arbeit geschieht in diesem Zusammenhang. Was diese Art von Psychologie von den meisten anderen Richtungen unterscheidet, ist, daß sich die statistische Psychologie mit dem allgemeinen oder »normalen« Verhalten einer Vielzahl von Menschen beschäftigt, nicht mit den Besonderheiten des Individuums. In dieser Hinsicht ist die statistische Psychologie das Gegenteil zur Psychotherapie, die sich auf die Probleme des Einzelnen konzentriert. Hiervon wird in späteren Kapiteln noch ausführlich die Rede sein.

Behavioristische Psychologie Wir beurteilen einen anderen Menschen danach, wie er sich verhält, und unser eigenes Verhalten ist ein deutliches Kennzeichen dessen, was wir sind. Das Verhalten der Menschen ist ein guter Wegweiser zu ihrer inneren Natur; untersuchen wir das Verhalten von jemandem, so können wir auf diese Weise viel darüber erfahren, was für ein Mensch er ist. Man kann sogar sagen, daß es für die meisten Zwecke und von den meisten Standpunkten aus gesehen wichtiger ist, was eine Person tut, als was in ihrem Geiste vor sich geht; und daß die wahre Bedeutung dessen, was im Geist vor sich geht, an seinem Einfluß auf das Verhalten deutlich wird. Begreift man also das Verhalten eines Menschen als Ausdruck seiner inneren Natur, so ist es begründet, Verhaltensforschung als ein Gebiet der Psychologie zu betrachten. Der Begriff »Behaviorismus« jedoch kennzeichnet eine ganz bestimmte Einstellung zur Psychologie und ist gewöhnlich mit einer ganz bestimmten Auffassung, den »Epiphänomenalismus«, verbunden.

Niemand wird leugnen können, daß ein gewisser Zusammenhang besteht zwischen der Art und Weise, wie sich ein Mensch verhält, und dem, was in seinem Geist vor sich geht. Wenn jemand sieht, daß der Felsvorsprung, auf dem er steht, im Begriff ist abzubröckeln, dann wird er sofort herunterspringen und gleichzeitig ein Gefühl des Schreckens oder drohender Gefahr empfinden. Manche Leute würden sagen, daß die Person sieht, was geschehen wird, die Gefahr erkennt, Angst bekommt und sich infolgedessen schnell entfernt. Mit anderen Worten: Manche vertreten die Ansicht, das (geistige) Erkennen der Gefahr sei der Grund für das Weglaufen. Von den Anhängern der Theorie des Epiphänomenalismus wird das verneint. Sie behaupten vielmehr, daß ein direkter Zusammenhang zwischen dem Anblick des abbröckelnden Felsens und dem Weglaufen besteht und daß dieser Zusammenhang nichts zu tun hat mit dem Gefahrempfinden oder dem Angstgefühl. Nach dieser Theorie ist das Angstgefühl etwas, das beim Anblick der Gefahr erst gleichzeitig mit Wegspringen eintritt, das jedoch nicht die Person zum Weglaufen veranlaßt. Nach dieser Auffassung ist das Wegspringen eine Reflexbewegung, die in dem Moment erfolgt, wenn man sieht, daß der Fels abbröckelt.

Die Ideen, die hinter dieser Auffassung stehen, können am besten anhand der bekannten Experimente erläutert werden, die Pawlow und andere mit Hunden durchgeführt haben. Dabei wurde ein Hund in einen Käfig gesperrt, der am Ende eines größeren Zwingers lag. An das entgegengesetzte Ende desselben Zwingers wurde eine Schüssel mit Fressen gestellt. Sobald der Käfig geöffnet wurde, rannte der Hund zum Napf und fraß. Dann wurde der Versuch wiederholt und dem Tier, während man das Fressen hinstellte, eine runde Scheibe gezeigt; andere Male wurde eine leere Schüssel hingestellt und man hielt dem Hund ein Viereck hin. Nachdem man das oft wiederholt hatte, rannte der Hund immer dann aus dem Käfig, wenn ihm eine runde Scheibe hingehalten wurde, und blieb immer dann sitzen, wenn ein Viereck gezeigt wurde – egal, ob zur gleichen Zeit Fressen bereitgestellt wurde oder nicht. Die natürliche Reaktion des Hundes auf die Nahrung war durch einen Konditionierungsprozeß auf die unterschiedlich geformten Zeichen übertragen worden. Die Reaktion auf die unterschiedlichen Zeichen wurde »konditionierte Reaktion« genannt. Diese Vorstellung einer »konditionierten Reaktion« wird von den Behavioristen zur Erklärung der meisten menschlicher Handlungen herangezogen.

Die meisten von uns glauben zwar nicht, daß die Vorstellungen der Behavioristen genügen, um menschliches Verhalten umfassend zu deuten. Aber selbst wenn wir bezweifeln, daß sich jedes menschliche Verhalten als Reaktion auf die Situationen begreifen läßt, in denen wir uns gerade befinden, so muß man sich doch vergegenwärtigen, daß tatsächlich ein Großteil unseres Verhaltens auf diese Weise erklärt werden kann. Kinder, die sich an den Schulbetrieb gewöhnt haben, brauchen nicht erst stehen zu bleiben und nachzudenken, wenn die Glocke nach der Pause klingelt; sie gehen ganz einfach in ihre Klassenzimmer – und das ist eine Reaktion auf das Läuten der Glocke. Wir denken auch nicht jeden Abend darüber nach, daß wir unsere Zähne putzen müssen, sondern greifen, bevor wir ins Bett gehen, wie selbstverständlich zur Zahnbürste.

In ihrer praktischen Anwendung kann die Einstellung der Behavioristen am Beispiel eines Psychologen verdeutlicht werden, der sich eine Heilmethode für Menschen ausdachte, die an einem Schreibkrampf litten, d. h. die nicht fähig waren, einen Kugelschreiber oder Bleistift zu halten. Er nahm an, daß dieser Zustand die Folge irgendeiner schlechten Erfahrung im Zusammenhang mit dem Schreiben war. Gegenstand der Heilmethode war es nun, diese angenommene Konditionierung, die für die Reaktion des Schreibkrampfes verantwortlich sein sollte, dadurch aufzuheben, daß auch mit der Unfähigkeit zu schreiben etwas Unerfreuliches assoziiert wurde. Zu diesem Zweck entwarf er einen einfachen Apparat: Der Patient mußte mit einem Stahlstift, den er wie einen Federhalter in der Hand hielt, versuchen, Linien und Buchstaben nachzuzeichnen; tat er das nicht korrekt, dann bekam er einen empfindlichen elektrischen Schock. Dem Vernehmen nach wurden mit diesem Apparat tatsächlich zufriedenstellende Ergebnisse erzielt und Menschen, die an dieser Krankheit gelitten hatten, ihre volle Schreibfähigkeit zurückgegeben.

Therapeutische Psychologie Die Richtungen der Psychologie, über die wir bisher gesprochen haben, suchen die Art und Weise, wie Menschen denken und sich verhalten, zu erforschen. Möglicherweise lassen sich auf Grund solcher Untersuchungen Vorschläge machen, wie man Menschen helfen kann, Denk- und Verhaltensschwierigkeiten zu überwinden (siehe das oben erwähnte

Beispiel); aber wenn das geschieht, dann ist es mehr oder weniger zufällig. Denn das Ziel der bisher aufgeführten Richtungen der Psychologie ist mehr eine genaue Kenntnis der Funktionsweise unseres Geistes und der Art und Weise, wie wir uns verhalten. Für den Rest des Buches werden wir uns aber mit einer psychologischen Richtung beschäftigen, die sich mit den aktuellen Problemen von Individuen befaßt, die Hilfe brauchen; man spricht dann von »Psychotherapie«, wobei »Therapie« »Heilung« bedeutet. Diese Art Psychologie beginnt im Sprechzimmer, wenn ein einzelner Patient Heilung sucht, weil irgendwelche Schwierigkeiten und Nöte sein normales Leben durcheinandergebracht haben. Ein solcher Patient will nichts über irgendwelche psychologischen Theorien oder Ideen hören, sondern er braucht praktische Hilfe.

Die meisten Formen der Psychotherapie haben zwei Aspekte: Zum einen bemüht sich der Therapeut, dem Patienten zu helfen – das ist das, was tatsächlich im Sprechzimmer geschieht, und es ist auch das erste und wichtigste, mit dem alles weitere in einer Psychotherapie irgendwie in Zusammenhang steht. Gleichzeitig jedoch müssen Therapeuten, wenn sie mehr über ihre Arbeit lernen und von den gegenseitigen Erfahrungen profitieren wollen, auch verstehen, was sie tun, und es eben auch tun. Das heißt, zu einer Psychotherapie gehört auch, daß der Therapeut sich Gedanken darüber macht, was während der psychologischen Behandlung vor sich geht, wie der Geist arbeiten sollte und wie er es im Fall des Patienten tatsächlich tut. Mit anderen Worten, Psychotherapie beinhaltet auch viel Theorie. In späteren Kapiteln wird davon noch ausführlich die Rede sein.

Mitunter taucht der Einwand auf, daß psychologische Theorien, die aus dem Bemühen heraus entstanden sind, Geisteskranke zu heilen, für »normale« Menschen wenig Bedeutung hätten. Es ist jedoch leicht, diese Ansicht zu widerlegen: Der Arzt, der kranke Körper heilen will, könnte nur sehr wenig ausrichten, wenn er nicht wüßte, wie ein Körper in gesundem Zustand funktioniert (er wäre ja nicht einmal in der Lage festzustellen, ob sein Patient überhaupt krank ist oder nicht). Ähnliches gilt für den Therapeuten. Allerdings kann man von niemandem eindeutig sagen, er sei »normal«, wenn »normal« meint »ohne die leiseste Störung eines vorzüglich funktionierenden Geistes«. Im ganzen gesehen ist es wohl so, daß die Menschen, die dringend psychologischer Hilfe bedürfen, in gesteigertem Maße an Schwierigkeiten leiden, die in gemilderter Form tagtäglich bei völlig »normalen« Menschen auftreten – »normal« im Sinne von: nicht bemerkenswert anders als viele andere Leute.

Psychiatrie Jede Psychotherapie hat sich von der Medizin her entwickelt; doch gibt es zwei Hauptformen der Therapie: die Psychiatrie und die psychologische Analyse. Es ist nicht immer leicht, beide exakt zu trennen, da die meisten Psychiater sich gegebenenfalls der Methode der Analyse bedienen, und einige Analytiker gelegentlich Methoden der Psychiatrie anwenden. Die Psychiatrie hängt stärker mit der Medizin zusammen und wird auf ähnliche Weise ausgeübt.

Obwohl sich die Psychiatrie mit Störungen des Geistes befaßt, ist sie doch eng mit der Neurologie verbunden; der Psychiater versucht zuweilen, den Geist durch ein Einwirken auf das Gehirn zu beeinflussen. Die deutlichsten Beispiele hierfür sind die »Elektroschock-Therapie« und die »Leukotomie«. Bei der Schocktherapie versuchte man durch eine starke Erregung des Gehirns die Dinge, die sein richtiges Funktionieren verhindern, zu löschen. Leukotomie ist die Bezeichnung für eine Operation, durch die verschiedene Teile des Gehirns, die ernsthafte Störungen zu verursachen scheinen, vom Rest abgetrennt werden, um so eine weitere Beeinträchtigung des Gehirns zu verhindern – etwa wie ein Arzt die Amputation eines infizierten Gliedmaßes für nötig halten kann, damit der restliche Körper nicht auch noch vergiftet wird. Psychiater arbeiten auch mit Medikamenten, Schlafkuren und anderen physikalischen Mitteln, um ihren Patienten möglicherweise zu helfen. Andrerseits verwenden eine Reihe von Psychiatern, wie schon erwähnt, häufig die Methoden der Analytiker.

Psychologische Analyse Ein Punkt, in dem sich die psychologische Analyse von der psychiatrischen Praxis, wie sie überwiegend ausgeübt wird, unterscheidet, ist der völlige Verzicht auf physikalische, d. h. auch medikamentöse Hilfsmittel. Der Grundgedanke der Analyse ist es vielmehr, sich direkt mit dem Geist des Patienten zu befassen. Die Behandlung könnte als eine »Gesprächs-Behandlung« beschrieben werden, denn der einzig wirklich befriedigende Weg, den Geist eines anderen kennenzulernen, führt über das Gespräch mit der betreffenden Person. Doch muß erwähnt werden, daß einige Analytiker auch von den Methoden der Psychiatrie Gebrauch machen, wenn sie glauben, dies könnte der »Gesprächs-Behandlung« nützlich sein. Ist es beispielsweise unmöglich, mit einem bestimmten Patienten zu sprechen, dann mag der Analytiker zu der Überzeugung kommen, daß eine Form von Schocktherapie diesen Zustand vielleicht ändern könnte. Analytiker betrachten ihre Methode keineswegs als Allheilmittel für jegliche geistige Störung; sie wissen ganz genau, daß einigen Patienten mit einer Analyse, anderen mit Medikamenten geholfen werden kann. Im allgemeinen jedoch besteht die Arbeit des Analytikers aus Gesprächen mit dem Patienten.

Letzten Endes befaßt sich die psychologische Analyse nur mit einer einzigen Sache – dem Wissen des Patienten über sich selbst. Hier hat sich die Analyse weit von der traditionellen Medizin entfernt. In der Medizin, wie sie bisher praktiziert wurde, ist es vor allem wichtig, daß der Arzt die Krankheit, an der der Patient leidet, richtig erkennt und zu heilen versteht. Er kann den Patienten natürlich auch über die Krankheit und die Heilmethoden aufklären, aber normalerweise nimmt niemand an, daß der Heilerfolg davon abhängt, ob der Kranke genau Bescheid weiß oder nicht. Penicillin zerstört Krankheitserreger im menschlichen Körper, ganz gleich wieviel oder wie wenig der Patient über die Ursache seines Leidens oder über die Wirkungsweise des Penicillins weiß. Eine Analyse jedoch ist zwecklos, solange der Patient nichts in seinem eigenen Geist entdeckt, was ihm bis dahin unbekannt war. Das ist auch der Grund, warum eine psychologische Analyse viel Zeit in Anspruch nimmt.

Die Aufgabe des Analytikers besteht darin, dem Patienten zu helfen, selbst Dinge über sich selbst zu entdecken. Wie schnell das geht, hängt, wie bei jedem Lernprozeß, vom Patienten ab. Es hat keinen Sinn, wenn der Analytiker dem Patienten ständig Dinge erzählt, die dieser weder verstehen noch anerkennen kann. Vielmehr muß der Analytiker geduldig warten und zusehen, während der Patient Schritt für Schritt immer mehr zu verstehen beginnt. Gleichzeitig sollte der Analytiker aufgrund vorhergegangener Studien und Erfahrungen die Fähigkeit besitzen, zur rechten Zeit das Richtige zu sagen – obwohl kein Analytiker für sich in Anspruch nehmen würde, unfehlbar zu sein.

2. Psychoanalyse und analytische Psychologie

Freud und Jung

Die moderne psychologische Analyse wurde um die Jahrhundertwende entwickelt, und zwar in Wien. Sie erwuchs aus den Versuchen, Hysterien und andere Nervenkrankheiten durch Hypnose und ähnliche Methoden zu heilen, wie sie vor allem von Ärzten in Paris praktiziert wurden. Sigmund Freud hat als erster auf diesem Gebiet gearbeitet, und man kann sagen, daß die grundlegenden Prinzipien moderner Psychotherapie von ihm entdeckt wurden. Durch seine Bücher, wie »Die Traumdeutung« und »Zur Psychopathologie des Alltagslebens«, wurden diese Ideen dann weithin bekannt gemacht.

Der Schweizer Arzt, Carl Gustav Jung, behandelte Nervenkrankheiten in ähnlicher Weise und war von Freuds Schriften sehr beeindruckt; so sehr beeindruckt, daß die beiden Männer Kollegen wurden. Nach einer gewissen Zeit jedoch stellte sich heraus, daß sie in grundlegenden Fragen zu keiner Übereinstimmung kommen konnten und so waren sie gezwungen, sich wieder zu trennen. Infolge dieser Trennung gibt es heute zwei große Schulen der Psychotherapie, die eine fußt auf den Ideen Freuds, die andere auf C. G. Jungs Ansichten.

Man kann sich des Eindrucks nicht erwehren, daß die emotionalen Spannungen, die mit dem Bruch zwischen Freud und Jung einhergingen, zu einer tieferen Kluft zwischen den beiden Schulen geführt haben, als es eigentlich notwendig gewesen wäre; man sollte diese Kluft nicht überbewerten. Denn es gibt sehr viele Analytiker, die sich weder als Freudianer noch als Anhänger von Jung bezeichnen würden, sondern vielmehr von den Ideen beider Männer – und noch vieler anderer – profitiert haben. Außerdem hat eine Großzahl von Analytikern, die sich als Freudianer einstuft, nicht wenige Ideen von Jung übernommen, und eine ganze Reihe von Jungianern bekennt ganz offen, daß sie Freud und seinen Schülern, im besonderen

Melanie Klein, sehr viel verdankt. Doch trotz dieser Bereitschaft vieler Analytiker, von beiden Schulen und auch von anderen Analytikern zu lernen, bleibt es eine Tatsache, daß zwischen den beiden Schulen eindeutige Unterschiede bestehen, die schon durch den Gebrauch verschiedener Begriffe klar zum Ausdruck kommen.

Begriffe

Nehmen wir an, zwei Menschen betrachten einen Blumengarten. Der eine von ihnen ist von der formalen Anordnung der Blumenbeete beeindruckt, vom Rasen zwischen den Beeten und von den Wegen, die überall vorbeiführen. Dieser Mensch stellt die Form der Beete und deren Beziehung zueinander heraus, wenn er über den Blumengarten spricht. Der andere dagegen bestaunt die Sorgfalt, mit der der Gärtner die verschiedenen Farben der Blumen arrangiert hat und wie sich diese vom grünen Gras und den braunen Wegen absetzen. Die beiden Personen sprechen also auf ganz verschiedene Weise von dem Garten, und sie verwenden dabei unterschiedliche Begriffe: Der erste gebraucht Worte, die sich auf Form und Größe beziehen, der zweite solche, die die Leuchtkraft und Kontraste der Farben betreffen. Beide sprechen sie von ein und demselben Garten, und beide sagen sie etwas Wahres über diesen Garten, aber trotzdem äußern sie sich sehr unterschiedlich. Gehen sie nun einen Schritt weiter und besteht jeder der beiden darauf, daß seine Art, den Garten zu sehen und zu beschreiben, die bessere sei, dann kann ein echter Konflikt zwischen ihnen entstehen – obwohl beide durchaus zugeben, daß das, was der andere sagt, auch richtig ist (nur eben nicht so nützlich). So in etwa ist die Situation in der Psychotherapie. Freudianer und Jungianer geben unterschiedliche Darstellungen von der Struktur des menschlichen Geistes; und diese Darstellungen sind eben deshalb unterschiedlich, weil sie verschiedene Möglichkeiten sehen, die Dinge, die im menschlichen Geist vor sich gehen, zu ordnen. Die Begriffe, die die beiden Schulen verwenden, sind verschieden – ja sie bringen die unterschiedlichen Betrachtungsweisen überhaupt erst richtig zum Ausdruck; und jede Richtung behauptet eben gern, daß ihre Begriffe, d. h. ihre Betrachtungsweise des menschlichen Geistes, die bessere sei. Die Verschiedenheit der Begriffe aber ist die

Folge wirklich voneinander abweichender Auffassungen.

Die beiden großen Schulen der Psychologie geben ein so unterschiedliches Bild von der Beschaffenheit des menschlichen Geistes, daß ein Freudianer gesagt haben soll, er könne keines der Merkmale in der Jungschen Darstellung der Psyche anerkennen. So etwas erschwert natürlich ein Gespräch zwischen den Anhängern verschiedener Schulen enorm. – Im vorliegenden Buch soll nun versucht werden, die Begriffe der Jungschen Psychologie zu erklären. Da man jedoch auch etwas über diejenigen Bescheid wissen sollte, die die Anhänger Sigmund Freuds verwenden, werden in diesem Kapitel zunächst einige der wichtigsten Freudschen Begriffe erläutert. Die folgende Tabelle gibt einen groben Überblick: Die Begriffe in der linken Spalte besitzen bei Freud eine besondere Bedeutung, die in der rechten bei C. G. Jung.

FREUD	JUNG
Psychoanalyse	Analytische Psychologie
das Überich	das persönliche Unbewußte
das Es	das kollektive Unbewußte
das Unbewußte	Archetypen
die Libido	psychische Energie
	das Selbst

Selbstverständlich könnte man noch weitere Begriffe hinzufügen, aber die angeführten müßten bereits genügen, um festzustellen, ob jemand, der über Psychologie schreibt oder spricht, der einen oder anderen Richtung angehört; werden die Begriffe der linken Spalte häufig gebraucht, dann handelt es sich höchstwahrscheinlich um Ideen, die auf der Lehre Freuds fußen; tauchen dagegen die Begriffe der rechten Spalte immer wieder auf, dann ist wohl C. G. Jung der geistige Vater. Natürlich gibt es auch viele andere Begriffe, die von allen Psychotherapeuten, gleich welcher Schule sie angehören, verwendet werden; Begriffe wie Verdrängung, Übertragung, die Psyche, das Unbewußte.

Bei der obigen Tabelle korrespondieren eigentlich nur zwei Begriffspaare miteinander: »Psychoanalyse« und »analytische Psychologie« sind beides Bezeichnungen für eine psychologische Lehrmeinung, und »Libido« und »psychische Energie« haben sehr ähnliche Bedeutungen. Im Gegensatz dazu stellen »Überich«, »Es« und »Unbewußtes« eine Art der Aufgliederung der Psyche dar, die sich wesentlich von der Jungschen unterscheidet. – In späteren Kapiteln werden wir versuchen, sowohl die Begriffe zu erklären, die von Therapeuten aller Schulen gebraucht werden, als auch jene, die speziell von Jungianern verwendet werden. Doch zunächst eine kurze Erläuterung der Begriffe der linken Spalte der Tabelle.

Psychoanalyse In der Umgangssprache wird der Ausdruck »Psychoanalyse« für jede Art von analytischer Behandlung verwendet; diese Bezeichnung wäre auch durchaus zutreffend, wäre dieses Wort nicht zu einem festen Fachausdruck geworden. Aus verschiedenen historischen Gründen nämlich wurde der Begriff »Psychoanalyse« zum terminus technicus für die analytische Arbeit der Anhänger Freuds; und sollte deshalb auch konsequent nur hierfür gebraucht werden. Meinen wir analytische Arbeit im allgemeinen, dann sollten wir von psychologischer Analyse oder von Tiefenpsychologie sprechen. Die entsprechende Bezeichnung für die Arbeit der Schüler Jungs ist »analytische Psychologie«. Bereits die Existenz dieser beiden Namen weist darauf hin, daß zwischen den beiden Methoden der Psychotherapie grundlegende Unterschiede bestehen.

Das Über-Ich Folgendes soll sich einmal zugetragen haben: Ein Mann ruderte in seinem Boot den Fluß hinunter und kam dabei an einem Kahn vorbei, der am Ufer festgemacht war. Darin saßen ein junger Mann und ein Mädchen und unterhielten sich. Im Vorbeifahren nun hörte der Mann im Boot, wie das Mädchen sagte: »Ich weiß nicht, ob ich je mit dir ausgehen kann, wenn du tatsächlich nicht glaubst, daß es so etwas wie den kategorischen Imperativ gibt!« – Wir alle wissen, daß es gewisse Prinzipien gibt, die unserer Meinung nach respektiert werden sollten, und daß es strenge Regeln gibt, die wir uns selbst auferlegen. Manchmal sind diese Prinzipien moralischer Natur, aber sie sind nicht immer »moralisch« im Sinne von gut und böse. Für einige Menschen sind konventionelle Normen auch zwingender als moralische. So ist es z. B. möglich, daß ein Mann, der in seinem Geschäft regelmäßig Leute betrügt, es nicht fertigbringt, sich ohne Krawatte an den Eßtisch zu setzen. Mitunter sind solche Regeln, gegen die wir nicht verstoßen, sogar völlig willkürlich und besitzen keinerlei echte Grundlage. Einem Jungen beispielsweise hatte man eingeschärft: Du darfst nie mit dem Hammer auf eine Schraube schlagen! Er brauchte viele Jahre, bis er sich dazu durchringen konnte, es dennoch zu tun – obwohl es die wohl wirksamste Methode ist, eine Schraube zu lockern.

Neben den Regeln und Normen, die wir uns selbst auferlegen, hat wohl jeder eine gewisse Vorstellung von der Person, die er selbst ist oder zumindestens sein sollte; und er beurteilt sein Verhalten danach, wie weit es dieser Vorstellung entspricht. Diese Regeln und Normen sowie die Idealvorstellung dessen, was wir sein sollten, könnte man als eine »Person« in uns selbst betrachten; als eine »Person«, die sehr genaue Ansichten darüber hat, wie wir uns zu verhalten haben, die stets zur Stelle ist, um uns zu kritisieren, wenn wir uns nicht richtig benehmen; die ihr Bestes tut, um uns dazu zu bringen, das Richtige zu tun, oder um uns zu bestrafen, wenn wir das Falsche getan haben. Diese »Person« in uns nennen Freudianer das »Überich«.

Es besteht kein Zweifel darüber, daß das, was mit der Idee des Überich in Zusammenhang gebracht wird, tatsächlich geschieht, und daß es oft von Nutzen ist, einen Begriff zu haben, unter dem man alles zusammenfassen kann. Der Begriff »Überich« bezieht sich zweifellos auf etwas, das im Leben der Menschen vor sich geht – nur bedeutet die Anwendung des Begriffs eben mehr als das. Als erstes legt man, indem man bestimmte Erscheinungen dem Überich zuordnet, nahe, daß diese eine eng zusammenhängende Gruppe bilden und sich gegenseitig verstärken; und auch, daß sie alle irgendwie gleichartig sind. Daß das stimmt, ist jedoch keineswegs sicher. Es kann sein, daß wir den Zwang der Konvention genauso stark empfinden wie den Zwang eines moralischen Prinzips; willkürliche Ideen dessen, was getan werden muß, können uns in etwa auf die gleiche Weise geleiten wie Konventionen und Moralvorstellungen, aber daraus folgt nicht notwendigerweise, daß es sich um gleichartige Dinge handelt. Die Unterschiede zwischen ihnen können genauso wichtig sein wie die Ähnlichkeiten. Nach Ansicht der Freudianer jedoch sind diese Erscheinungen nicht nur gleichartig, sondern entstehen auch auf die gleiche Weise – letzteres unterstellen wir ebenfalls, wenn wir den Begriff »Überich« anwenden.

Der Grundgedanke ist, daß wir, während wir heranwachsen, die Ideen und Einstellungen der Leute um uns herum übernehmen. Dabei kann man nicht immer genau sagen, warum wir eine Idee aufgreifen und eine andere nicht – obwohl es doch einige recht deutliche Ursachen dafür gibt. Wenn ein Kind seine Mutter sehr liebt, dann liegt es nahe, daß es ohne Einwand die Hoffnungen der Mutter, die diese hinsichtlich seiner Person hegt, aufnimmt; d. h. das Kind übernimmt von der Mutter ein Idealbild seiner selbst. Erklärt man einem Kind eindringlich ein moralisches Prinzip, so wird dieses bei ihm wahrscheinlich einen bleibenden Eindruck hinterlassen. Erkennt jedermann in der Umgebung eines jungen Menschen bedingungslos gewisse Konventionen an, dann wächst dieser mit der Annahme heran, daß man diese tatsächlich immer einhalten muß. Auf diese Weise, so glaubt man, wird ein Teil unseres Geistes geprägt und zum inneren Spiegelbild all der Menschen und Gruppen, die während unseres Heranwachsens darauf eingewirkt haben. Das ist es, was die Freudianer als »Überich« bezeichnen.

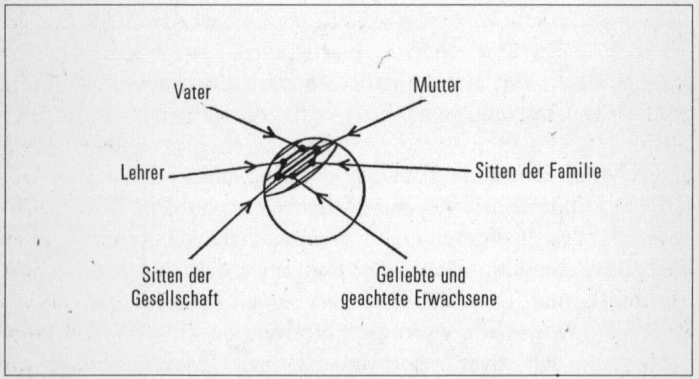

Diese Darstellung von der Gestaltung und Entstehung des Überich ist ein Beispiel für das, was man »Introjektion« nennt. Der Grundgedanke hierbei ist der, daß Teile äußerer Objekte (oder auch bestimmte Bilder derselben) in die Psyche aufgenommen werden und dann innerhalb des Individuums so weiteragieren, wie vorher ihr Einfluß von außen empfunden wurde. Im Falle des Überich werden fordernde und autoritative Aspekte der Umgebung verinnerlicht und verbinden sich dann ganz natürlich miteinander zu einem einzigen Komplex.

Das Es Das »Es« ist der Begriff, den Freud für das Rohmaterial unseres geistigen Lebens verwendet; er bezeichnet den grundlegenden, instinktiven, animalischen Teil unserer Natur. Zum »Es« gehören die treibenden Kräfte unseres Lebens: das Verlangen nach Nahrung und sexueller Befriedigung, aggressive Neigungen, die Tendenz, sich einer Gefahr durch Flucht oder sonstwie zu entziehen, usw. Es wird behauptet, das »Es« verfolge nur ein einziges Ziel, d. h. es sei ständig auf der Suche nach Lust – wobei »Lust« Nachlassen von Spannung meint; so wie wir bei Hunger eine gewisse Spannung und eine Art Druck verspüren, die nachlassen, sobald wir etwas zu essen bekommen. Das »Es« kennt weder gut noch böse und ist nicht fähig, über Dinge nachzudenken. Es kann lediglich zwischen Objekten unterscheiden, die es sucht, und solchen, die es flieht. Ist das »Es« nicht imstande, seine Wünsche zu befriedigen, dann entwirft es Bilder von den Dingen, die sie befriedigen würden.

Alle Lebenskraft wurzelt im »Es«; doch hat die Unmöglichkeit, seine sämtlichen Wünsche zu befriedigen, im Lauf der menschlichen Entwicklung zur Bildung des »Ich« geführt. Dies ist das bewußte geistige Wesen, als das wir uns kennen, und es besitzt die Fähigkeit, Objekte zu unterscheiden, zu denken, zu fühlen, zu planen, ganz allgemein ein Leben zu meistern. Während das »Es« seine Wünsche und Begierden direkt zu befriedigen sucht, ist das »Ich« imstande, sich nach Mitteln und Wegen für diesen Zweck umzusehen; während die Wünsche des »Es« direkt und geradeheraus sind, kann das »Ich« ein Verlangen durch ein anderes ersetzen. Beide, das »Es« wie das »Ich«, können sowohl durch das »Überich« gehemmt werden als auch untereinander in Konflikt geraten.

Noch einmal sei gesagt: Niemand kann leugnen, daß es im menschlichen Wesen Neigungen gibt, die Freud dem »Es« zuschreibt. Aber eine derartige Verwendung des Begriffs »Es« bedeutet, daß man annimmt, daß unser Lebensstoff von besonderer Art und beschränkt ist – daß der Quell menschlichen Lebens nichts weiter ist als die Suche nach Befriedigung elementarer Bedürfnisse, die wir mit den Tieren gemein haben, und daß alles andere entweder auf Einschränkungen dieser Bedürfnisse zurückzuführen ist oder auf Kontrollen, zu denen uns unsere Umwelt gezwungen hat. In diesem Punkt ist Jung ganz anderer Ansicht. Seiner Meinung nach besteht der »Grundstoff« geistigen Lebens (das, was uns Kraft gibt und richtungsweisend ist) nicht nur aus Instinkten und Luststreben, sondern schließt ebenso den Drang nach »Höherem« ein; d. h. er umfaßt gleichermaßen die höchsten geistigen Neigungen des Menschen wie seine animalischen Triebe. Außerdem entstammt nach Jung einiges, was Freud als Bestandteil des »Überich« betrachtet, aus den Tiefen der menschlichen Natur.

Das Unbewußte   In der Umgangssprache wird »unbewußt« meist als Adjektiv verwendet; wir sprechen von unbewußten Gedanken, Eindrücken, Ideen usw. Am treffendsten wird die Freudsche Idee vom Unbewußten als ein Mülleimer beschrieben, in den wir alle Eindrücke werfen, die wir nicht haben wollen; wobei wir uns allerdings darüber klar sein müssen, daß das, was ins Unbewußte abgeschoben wurde, trotzdem unseren Geist und damit unser Leben beeinflußt.

Das Unbewußte umfaßt all das, was wir nicht wollen, und auch das, von dem wir glauben, daß wir es nicht wollen. Das bedeutet, daß es zwei gute Gründe gibt, sich um das Unbewußte zu kümmern. Der erste ist, daß es kein sehr guter Mülleimer ist, weil die Dinge, die man hineinwirft, keineswegs endgültig verschwunden sind, sondern nur verfaulen und einen »üblen Geruch« verbreiten können. Zum zweiten besteht immer die Möglichkeit, daß wir einen Fehler gemacht haben und daß die Dinge, die wir weggeworfen haben, in Wirklichkeit sehr wertvoll für uns gewesen wären, wenn wir sie behalten hätten. Der Hauptgrund, warum der Begriff des Unbewußten in der Jungschen Psychologie nicht verwendet wird, ist der, daß Jung mit Nachdruck darauf hingewiesen hat, daß die Dinge, die es uns zu »verlieren« gelingt, nicht fein säuberlich in einer eigenen Schublade weggesperrt sind, sondern mit anderen vermischt werden, von denen wir nichts wissen und wahrscheinlich auch nie etwas gewußt haben. Was das im Einzelnen bedeutet, wird später erläutert.

Der »Grundstoff« der Psyche ist das Es. Wird das Es in seinem Streben nach Lust enttäuscht, dann verwandeln sich gewisse Teile von ihm – oder werden umgeformt – in das Ich. Bei seiner Beschäftigung mit der äußeren Welt stößt das Ich auf Ansprüche, Verbote und »Gesetze«; und einige von diesen werden zur Bildung des Überichs in die Psyche aufgenommen. Mitunter trifft das Ich jedoch auch auf

Konflikte und Situationen, die es nicht mehr meistern kann; sie werden dann ins Unbewußte abgeschoben. Als Konsequenz dieser Vorgänge wird das Ich von den Wünschen des Es getrieben, von den Forderungen des Überich gehemmt oder auch vorangetrieben und fortwährend durch das Unbewußte betrogen und frustriert. Das Ziel der Freudschen Psychologie ähnelt sehr dem der klassischen Philosophie und des scholastischen Christentums – nämlich die Macht der Vernunft dazu zu verwenden, die unvernünftigen Begierden des Es in Schranken zu halten, sich selbst von den übermächtigen Forderungen des Überich zu befreien und mit den Ängsten, die ins Unbewußte geschoben wurden, fertig zu werden. Gelingt einem das, so führen diese Bemühungen angeblich zu einem glücklichen und kontrollierten Leben, wo es – wie ein Freudianer einmal gesagt hat – »das Beste ist, wenn man von sich selbst behaupten kann, nicht einmal von dieser ›normalen Psychose‹, der Liebe, erfaßt worden zu sein«.

Die Libido »Libido« bedeutet »Begierde« und zwar ganz speziell in sexueller Hinsicht; und Freud hat ursprünglich diesen Begriff – in eben dieser Bedeutung – für die Triebkraft im menschlichen Leben verwendet. In den frühen Tagen der Psychoanalyse vertrat er die Ansicht, daß unsere fundamentale Triebkraft ganz und gar sexueller Natur sei und daß alle anderen Ziele und Wünsche lediglich durch Modifikation dieses sexuellen Triebes zustande gekommen seien. Im Lauf der Entwicklung der Psychoanalyse jedoch wurde dieser Gedanke weitgehend abgewandelt und der Begriff »Libido« verlor viel von seiner ursprünglichen sexuellen Bedeutung. Freud selbst hat später ausgeführt, daß sich der sexuelle Aspekt unserer Triebkraft vornehmlich in den frühen Lebensjahren entwickelt, er hat somit den Weg geebnet für eine neue Auffassung von der »Libido« als einer Energie, die erst allmählich differenzierte Formen annimmt und auf bestimmte Ziele ausgerichtet wird. Auch Jung und seine Anhänger verwenden den Begriff »Libido«, allerdings noch weniger mit Bezug auf das Sexuelle. Denn nach Jung ist die fundamentale Triebkraft eines Menschen (also seine »Libido«) von Anfang an eng verbunden mit ganz bestimmten Zielen (zu denen auch der Sex gehört, aber eben nur als eines von vielen).

Der Begriff »psychische Energie« wird oft im gleichen Sinne wie

»Libido« gebraucht; doch hatte Jung, als er ihn einführte, die Idee einer Quantität der Energie oder Kraft im Auge, die man messen und vergleichen kann, obwohl sie in verschiedenen Formen auftritt. Vorbild hierfür war der Energiebegriff der Physik, den er entsprechend zu übertragen versuchte. In der Physik sagen wir beispielsweise, daß ein Körper, der in Bewegung ist, eine gewisse Menge Energie besitzt, nur eben weil er sich bewegt; oder wir sprechen von der Energiemenge einer elektrischen Batterie, nur weil wir wissen, daß wir mit dieser Batterie eine Lampe anzünden oder einen elektrischen Motor laufen lassen können. Außerdem besteht die Möglichkeit, die Energie der Batterie mit der eines sich bewegenden Körpers zu vergleichen, obwohl es sich um zwei ganz verschiedene Arten von Energie handelt. Weder elektrische Batterien noch sich bewegende Körper besitzen psychische Energie, aber Emotionen, Ideen, Instinkte usw. besitzen sie. Jung verwendete den Begriff »Energie«, weil er hoffte, daß es möglich wäre, die Menge an Energie, die derartigen Erscheinungen eigen ist, zu messen, und die psychische Energie einer, sagen wir, heftigen Begierde mit der einer eingefleischten Gewohnheit zu vergleichen. Das bedeutet, psychische Energie müßte als reiner Mengenbegriff ohne qualitativen Aspekt verstanden werden (d. h. als reines Maß dafür, wieviel Energie vorhanden ist, aber ohne jeden Hinweis auf die Beschaffenheit des Dinges, das diese Energie besitzt). Psychische Energie tritt jedoch stets in Form einer ganz speziellen psychischen Triebkraft auf und deshalb kann der Begriff »psychische Energie« fast genauso verwendet werden wie »Libido«.

Es sei noch einmal gesagt, daß diese kurze Darstellung einiger weniger Freudscher Begriffe nur einen groben Überblick darüber geben soll, wie diese verwendet werden und in welcher Weise sie sich von den in der analytischen Psychologie gebräuchlichen unterscheiden. Aber nicht nur die Begriffe und Ideen der beiden Schulen unterscheiden sich, sondern auch ihre Methoden und Techniken.

Techniken

Die scharfe Trennung, die in diesem Abschnitt zwischen den Techniken von Freud und denen von Jung vorgenommen wird, mag früher vielleicht einmal zugetroffen haben; sie gibt jedoch ein falsches Bild von der heutigen Situation. Inzwischen hat ein solcher Austausch zwischen den verschiedenen Schulen der Psychologie stattgefunden, eine derartig starke Vermischung und wechselseitige Entlehnung, daß die ursprünglichen Unterschiede nicht mehr so deutlich sichtbar sind. Trotzdem gibt es grundlegende Unterschiede. Mehr darüber im letzten Kapitel.

Viele Leute haben wahrscheinlich nur eine sehr vage Vorstellung von dem, was während einer psychologischen Analyse tatsächlich geschieht. Das traditionelle Bild ist die Couch des Analytikers, auf der der Patient in einem Raum mit gedämpftem Licht liegt, während der Analytiker so weit wie möglich außer Sichtweite des Patienten bleibt. Diese Vorstellung trifft im wesentlichen für die Psychoanalyse zu, nicht jedoch für die Analyse nach C. G. Jung. Psychoanalytiker halten weitgehend an der Vorstellung von Arzt und Patient fest; die Probleme und Schwierigkeiten, die in der Analyse behandelt werden, und die psychischen Prozesse, mit denen man sich befaßt, sind die des Patienten. Der Analytiker bleibt »außerhalb« dieser Prozesse und Probleme, er sondiert nur, diagnostiziert und bietet Lösungsmöglichkeiten an, sofern nötig. Dieser Abstand, dieses Sichheraushalten des Analytikers ist ein grundlegendes Prinzip Freudscher Psychologie.

Jungs Prinzipien unterscheiden sich hiervon. Sein Grundgedanke ist der, daß die analytische Situation eine persönliche Begegnung ist, in der zwei Menschen aufeinander einwirken. Mit anderen Worten, der Jungsche Psychologe geht von vorneherein von der Annahme aus, daß ihn das, was mit dem Patienten geschieht, nicht unberührt läßt, und daß seine eigene Persönlichkeit den Patienten nicht unerheblich beeinflußt. Während der Freudsche Analytiker lediglich sein Wissen und seine Fähigkeiten in die Arbeit einzubringen versucht, ist sich der Jungsche Analytiker im klaren darüber, daß er zusätzlich noch eine persönliche Beziehung mit seinem Patienten eingeht – eine Beziehung, bei der er nicht nur Wissen und Fähigkeiten, sondern seine ganze Persönlichkeit mit in die Waagschale wirft.

Ganz zweifellos setzt sich der Analytiker dadurch zahlreichen und nicht geringen Gefahren aus, aber die meisten (zumindestens die meisten Jungianer) räumen sowieso ein, daß ihre Arbeit eine ständige Gradwanderung und dieses Gefahrenrisiko eben der Preis sei, der für die doch letztlich lohnende Arbeit, die sie tun bzw. zu tun versuchen, bezahlt werden muß.

3. Das Bewußtsein, das Unbewußte und die Psyche

Was wir über uns selbst wissen

Bevor wir versuchen, über das Unbewußte nachzudenken, sollten wir vielleicht eine gewisse Vorstellung davon haben, was wir unter »Bewußtsein« oder »bewußtem Geist« verstehen. Wir alle wissen, was das Bewußtsein ist, denn es ist wir selbst, wie wir uns selbst kennen, wenn wir uns selbst als geistige Wesen betrachten; jedoch das zu beschreiben, was das Bewußtsein ausmacht, ist nicht einfach. Jede Darstellung des Bewußtseins ist wahrscheinlich eine sehr persönliche Angelegenheit und trägt den Stempel dessen, von dem sie stammt. Das ist aber nicht so entscheidend, da andere die Fehler und Auslassungen korrigieren können, wenn sie über ihren eigenen Geist nachdenken. Einen Weg, das Wesen des Bewußtseins zu fassen, stellt folgende Aufgliederung in fünf Bereiche dar.

1. Lebensziele Ein Junge mag die feste Absicht haben, Flugzeugpilot zu werden; ein Politiker hofft, und ist vielleicht sogar fest dazu entschlossen, Premierminister zu werden; ein junger Mann plant, das »Beste für sich selbst« zu tun und sich einen gutbezahlten Job zu suchen; ein anderer möchte sich womöglich einen Namen machen und berühmt werden, ein dritter dagegen hat es sich zum Ziel gesetzt, ein angesehener Bürger mit Frau und Familie zu werden und ein schönes Haus mit einem großen Garten zu besitzen; ältere Menschen wiederum wünschen sich vielleicht nichts anderes als einen festen Arbeitsplatz und die Fähigkeit, die Aufgaben, die sich ihnen stellen, erfolgreich meistern zu können; oder sie wollen ganz einfach nur das Beste aus ihrem Leben machen. Die überwiegende Mehrheit der Menschen hat eines oder mehrere beherrschende Lebensziele (selbst wenn dieses nur darin besteht, das Bestmögliche aus einem schlechten Job zu machen); und solche allgemeinen Ziele, die zu jeder Zeit wirksam und gültig sind, machen einen Teil des Bewußtseins aus – denn wir wissen, daß wir sie haben, und wir können sehen, wie sie unsere Worte und unser Verhalten, unsere Pläne und unsere Entschlüsse beeinflussen.

2. Wünsche Auch unsere Lebensziele können »Wünsche« genannt werden, doch liegen sie auf einer allgemeineren Ebene und sind für die meisten Menschen wichtiger als das, was wir gewöhnlich als Wünsche bezeichnen. Unsere Wünsche richten sich meist auf bestimmte Dinge, die wir normalerweise in der nahen Zukunft bekommen können. Ein Mann liebt vielleicht gutes Essen und Trinken, Frauen, Opernbesuche, Fußball, oder er sitzt gern mit einem guten Buch am Kaminfeuer. Derartige Wünsche nehmen allerdings gewöhnlich eindeutig einen zweiten Rang hinter den Lebenszielen ein und dürfen deshalb auch nicht allzu sehr mit den Bemühungen, diese Ziele zu verwirklichen, kollidieren. Z. B. wird ein Mann, der gern ein ruhiges, ungestörtes und angenehmes Leben führt, seine sexuelle Begierde nach einer bestimmten Frau sehr wohl zu zügeln wissen, wenn er glaubt, daß sonst sein gewohnter Lebensrhythmus völlig durcheinandergerät. Nicht selten muß man sich Wünsche versagen, weil ihre Erfüllung die Befriedigung anderer Wünsche verhindern würde: Wenn ein Arbeiter auch noch so gern jeden Morgen lange im Bett bliebe, so kann er diesem Wunsch dennoch nicht nachgeben, da er sonst seinen Arbeitsplatz und mit diesem auch seinen Verdienst verlieren würde.

3. Gewohnheiten Wenn wir etwas gerne tun möchten und anschließend auch tun, dann wissen wir ziemlich genau, was da geschehen ist. Es gibt aber eine ganze Reihe von Dingen, die wir tun, ohne überhaupt darüber nachzudenken. Die meisten Menschen ziehen sich morgens korrekt an, ohne auch nur einen Gedanken auf ihr Tun zu verschwenden; viele putzen sich die Zähne, bevor sie ins Bett gehen, ohne daß sie dieser Handlung jedes Mal volle Aufmerksamkeit schenkten; wir machen das Licht an, wenn wir in einen dunklen Raum kommen, ohne bewußt nach Licht zu verlangen, usw. Wünsche und Gewohnheiten sind eng miteinander verknüpft, obwohl nicht alle Gewohnheiten einem Wunsch entspringen. Der Unterschied kann vielleicht am Zigarettenrauchen verdeutlicht werden: Manche Menschen haben ab und zu den Wunsch, eine Zigarette zu rauchen und entschließen sich dann auch, es zu tun – andere dagegen nehmen einfach eine Zigarette und zünden sie an und denken überhaupt nicht darüber nach.

4. Instinktive Bedürfnisse Instinkte lassen in uns oft Wünsche aufkommen; und wenn das geschieht, dann werden wir uns durch eben diese Wünsche unserer instinktiven Bedürfnisse bewußt. Auf der anderen Seite ist dies nicht immer der Fall, und wir befriedigen solche Bedürfnisse oft einfach, weil wir wissen, daß es notwendig ist – ohne jedoch den speziellen Wunsch zu haben, dies zu tun. Z. B. wissen wir alle, daß Essen notwendig ist, und wir tun es auch unser ganzes Leben lang, normalerweise regelmäßig und zu festgelegten Zeiten. Wir essen durchaus nicht immer, weil wir den Wunsch haben, zu essen, sondern oft schlicht, weil Essenszeit ist. Außerdem versuchen die meisten Menschen instinktiv so zu handeln, daß andere Leute ihr Tun billigen; und wenn sie darüber nachdenken, dann wissen sie auch, daß sie das anstreben. Trotzdem wäre es falsch zu behaupten, die Leute würden nur deshalb so handeln, weil sie sich Zustimmung und Beifall wünschen.

5. Prinzipien Schließlich haben wir auch noch Prinzipien, und zwar hauptsächlich solche moralischer Natur. Es gibt aber ebenso soziale Prinzipien und Konventionen. Sehr selten, wenn überhaupt jemals, weisen uns solche Prinzipien auf ein zukünftiges Ziel hin, so wie unsere Lebensziele auf eine ganz bestimmte Leistung ausgerichtet sind. Prinzipien üben vielmehr in etwa die Funktion einer Hecke, eines Zaunes oder einer Laufspur aus, in der ein Athlet sprinten muß. Prinzipien können im allgemeinen in Regeln ausgedrückt werden, von der Art »Tue niemals das und das« oder umgekehrt »Du sollst immer das und das tun«. Beispiele hierfür sind: »Sage die Wahrheit«; »Du sollst nicht ehebrechen«; »Sei höflich«; »Nimm den Hut ab, wenn Du einer Dame begegnest«.

Diese Aufzählung von fünf verschiedenen Arten von Tendenzen, die wir in unserem Geist vorfinden, erhebt nicht den Anspruch, eine besondere Information über das Wesen unseres Geistes zu vermitteln; sie stellt auch keineswegs die einzige Möglichkeit dar, die Vorgänge in unserem Geist in verschiedene Gruppen einzuteilen. Die Natur des Bewußtseins ist etwas, das jeder Mensch für sich selbst erforschen muß, indem er sich Gedanken über das macht, was in seinem Geist vor sich geht. Aber vermutlich werden die meisten Leute herausfinden, daß einige oder auch alle fünf der hier aufgeführten Bereiche vertreten sind. Ferner sollten wir beachten, daß es uns, obwohl häufig Intentionen in unserem Geist miteinander kollidieren oder Gegensätze bilden, meistens doch gelingt, eine Art Gleichgewicht und Ordnung unter ihnen herzustellen. Um unsere instinktiven Bedürfnisse zu befriedigen, legen wir bestimmte Zeiten und Orte fest (Essenszeiten z. B.); wir achten darauf, daß unsere Wünsche nicht allzu sehr mit unseren Lebenszielen in Konflikt geraten; wir versuchen, innerhalb der Grenzen, die uns unsere Prinzipien setzen, sowohl unsere Lebensziele wie auch unsere Wünsche zu erfüllen; wir richten unser Leben so ein, daß uns genügend Muße bleibt, um wenigstens einige unserer Wünsche zu erfüllen, usw. Allerdings kann es auch geschehen, daß die Konflikte zwischen den einzelnen Bereichen in unserem Geist uns vor ernsthafte Probleme stellen: Der Geschäftsmann kann z. B. feststellen, daß sein Lebensziel, voranzukommen und erfolgreich zu sein, mit den Prinzipien von Ehrlichkeit und Wahrheit nicht in Einklang zu bringen ist. Wünsche können also mit der Erfüllung eines Lebenszieles wie auch mit gewissen Prinzipien in Widerspruch stehen. Probleme wie diese werden immer und überall auftauchen; und solange wir uns bewußt sind, daß so ein Problem existiert, stellt dies einen Teil unseres Wissens über uns selbst dar. Den Teil unseres Geistes, von dessen Existenz wir wissen, nennen wir »Bewußtsein« – es ist ein äußerst wichtiger Bestandteil dessen, was wir sind. Mitunter begegnet man der Meinung, die Psychotherapie messe dem Bewußtsein nur eine untergeordnete Bedeutung bei und konzentriere ihre Aufmerksamkeit ganz und gar auf das Unbewußte. Das stimmt jedoch nicht; zutreffend ist lediglich, daß sich die moderne Psychotherapie mit sehr vielen Dingen befaßt, über die wir nicht in dem Maße Bescheid wissen wie über unseren bewußten Geist – Dinge, von denen man sagt, sie seien »unbewußt« oder lägen »im Unbewußten«.

Träume

Die meisten Menschen träumen irgendwann einmal, ja man nimmt sogar an, daß jeder träumt, auch wenn er sich nicht daran erinnern kann, daß er geträumt hat. Wir alle wissen, was ein Traum ist; und wir nehmen es als selbstverständlich an, daß wir träumen ohne uns allerdings immer voll im klaren darüber zu sein, wie merkwürdig Träume eigentlich sind. Wenn jemand einen Traum erzählt, dann beginnt er meist mit »Ich habe geträumt...« oder »Ich hatte einen Traum über...«. Es ist offenbar selbstverständlich für uns, daß Träumen etwas ist, das wir tun – weshalb wir auch ein aktives Verb verwenden. Doch in Wirklichkeit tun wir, wenn wir träumen, nichts. Ein Traum ist nämlich nicht das Ergebnis einer aktiven Handlung, sondern vielmehr etwas, das mit uns geschieht. Nur sehr wenige Menschen können sagen: »Ich gehe jetzt ins Bett und werde von dem und dem träumen«; aber selbst diese Personen können den Traum nicht machen. Sie gehen einfach schlafen, und der Traum ereignet sich dann. Und dennoch wird ein Traum auf irgendeine Weise gemacht. Die Einzelteile eines Traumes und die Bilder, die dort ablaufen, werden irgendwie aneinandergefügt. Woher kommt also der Traum? Hier zunächst die Beschreibung eines Traumes:

Ich ging an einer Kaimauer entlang; die Mauer war sehr hoch und das Meer zu meiner Rechten ziemlich aufgewühlt. Links neben mir lief eine Straße parallel zu der Mauer. Plötzlich sah ich, wie mir ein hübsches Mädchen von der anderen Straßenseite her zuwinkte. Sie begann die Straße zu überqueren, und in diesem Augenblick raste ein roter Sportwagen heran und erfaßte sie. Das Mädchen schrie, und ich wachte auf.

Die einzelnen Bausteine herauszufinden, aus denen dieser Traum zusammengefügt war, das bereitete nicht die geringsten Schwierigkeiten. Ich erkannte die Kaimauer – sie befindet sich in einem Ort an der Südküste, wo ich als Kind viele Male die Sommerferien verbrachte; das Mädchen sah genauso aus wie eine junge Dame, neben der ich am Tag vor dem Traum in der U-Bahn gestanden hatte; das Kleid, das sie im Traum trug, glich einem meiner Mutter, wie sie es vor Jahren besessen hatte; der Sportwagen war vor einer oder zwei

Wochen im Werbefernsehen gezeigt worden, und vor zwei oder drei Tagen hatte ein Fußgänger wenige Meter vor meinem Wagen den Gehsteig verlassen, und ich hatte gerade noch in der letzten Sekunde einen Unfall vermeiden können. All das war vollkommen klar; und dennoch war es nicht klar genug. Denn jeder dieser Bausteine war aus seinem ursprünglichen Zusammenhang gerissen und irgendwie mit den anderen zusammengefügt worden.

Wenn man vom Traum ausgeht, ist es ein leichtes, die verschiedenen Bausteine herauszufinden. Doch umgekehrt zu verfolgen, wie das Geschehen ablief, wie der Traum zustande kam, ist nicht mehr so einfach. Wir müssen uns dann nämlich fragen, warum gerade jene speziellen Bruchstücke von Ereignissen der nahen Vergangenheit ausgewählt wurden? Was brachte außerdem gerade diese bestimmten Teilstücke aus der ferneren Vergangenheit wieder ans Licht? Wie geschah es, daß sich alle diese Teile zu einem neuen Ganzen zusammenfügten, zum Traum eben? Warum überhaupt alle diese Mühe? Ganz offensichtlich wurde hier eine Menge Arbeit geleistet: Spezifisches Material wurde sorgfältig ausgewählt, wurde aus seinem tatsächlichen Zusammenhang herausgelöst, neu geordnet und in einen neuen Rahmen eingefügt, in den es ursprünglich nicht hineingehörte. Und mir selbst ist dabei überhaupt nicht bewußt, daß ich irgendeines dieser Dinge tue!

Die Besonderheit des Traumes liegt darin, daß weder wir selbst dafür die Verantwortung übernehmen, noch jemanden anderen oder etwas anderes dafür verantwortlich machen können. *Mein* Traum ist ganz speziell mein eigener Traum; und ich habe diesen bestimmten Traum, weil ich ich selbst bin – es gibt keine besonderen Räume, von denen man sagen könnte, daß jeder, der in einem solchen schläft, den gleichen Traum hätte. Der Traum wurde anscheinend von etwas in meinem Inneren erzeugt, von dem ich nichts weiß. Ich bin zwar für ihn verantwortlich, aber trotzdem wurde er allem Anschein nach nicht von einem Teil meiner selbst geschaffen, von dem ich bewußte Kenntnis habe. Natürlich können wir oft Gründe dafür finden, warum bestimmte Ideen oder Bilder in unseren Träumen auftauchen, aber nur selten können wir aufgrund dessen, was wir über uns selbst wissen, die Art und Weise erklären, wie die Dinge zusammengefügt wurden; d. h. das Muster des Traumes bleibt ein Rätsel.

Träume sind die am leichtesten erkennbaren Beispiele einer ganzen Gruppe von merkwürdigen Erscheinungen bzw. Vorgängen, für die wir uns zwar irgendwie verantwortlich fühlen müssen, die jedoch nicht mit dem zusammenzupassen scheinen, was wir über uns selbst wissen. Wir können nicht erklären, in welcher Weise sie durch irgendwelche Prozesse in unserem Bewußtsein oder durch die Einwirkung einer Kraft von außen hervorgebracht werden. Doch ist es praktisch unmöglich, vom Verhalten eines Menschen ein umfassendes Bild zu geben, ohne nicht wenigstens einige dieser merkwürdigen Vorgänge zu erwähnen, die in seinem Leben passieren. Wenn Psychotherapeuten über solche merkwürdigen Erscheinungen sprechen, dann bedienen sie sich der Idee vom Unbewußten.

Andere merkwürdige Vorgänge

Ein Pfarrer sagte: »Am Mittwoch gehe ich zur Beerdigung von dem und dem...« – meinte jedoch zur Hochzeit. Hochzeiten und Beerdigungen liegen für einen Pfarrer schon deshalb dicht beieinander, weil sie beide einen besonderen Gottesdienst erfordern, für den er extra bezahlt wird. Trotzdem gab es Gründe für die Annahme, daß dieser Mann die Heirat seines Freundes eher als etwas Nachteiliges denn als Glück betrachtete. – Den meisten von uns unterlaufen irgendwann einmal solche Versprecher, und manchmal hat dann das, was wir tatsächlich sagen, ganz offensichtlich eine völlig andere Bedeutung als das, was wir eigentlich ausdrücken wollten. Mitunter kann das sehr unangenehm sein! Solche Versprecher sind Vorgänge, die man in Verbindung mit dem Unbewußten sehen kann.

Auch die Unfähigkeit, sich an irgendeinen geläufigen Namen zu erinnern, egal ob es der Name eines Freundes, eines Politikers oder eines Buchautors ist, gehört hierher. Man tut so etwas leicht als reinen Zufall ab, obwohl solche Dinge sehr häufig geschehen und die Idee vom Unbewußten uns tatsächlich hilft, sie besser zu verstehen. Ein anderes Beispiel sind die sogenannten Ohrwürmer – Melodien, die uns einen oder auch mehrere Tage lang einfach nicht mehr aus dem Kopf gehen. Oft können wir solche Melodien sogar mit einem Text versehen und begreifen auch, warum sie uns eingefallen sind. Aber ob das nun der Fall ist oder nicht – solche Vorgänge bleiben merkwürdig.

Die meisten Menschen haben hier und da eine Veranlassung zu sagen: »Ich weiß nicht, warum ich das getan habe«, »Ich war nicht ich selbst, als ich das gesagt habe«, oder »Ich weiß nicht, was da in mich gefahren war«. Ein gutes Beispiel dafür ist ein Streit zwischen Menschen, die sich sehr mögen, zwischen Verliebten beispielsweise oder zwischen Mann und Frau. Bei solchen Gelegenheiten will eigentlich keiner von beiden streiten, und anfangs sagt auch keiner etwas, das nicht in einem anderen Moment ohne Schwierigkeiten hätte gesagt werden können. Und trotzdem kommt irgendwie Feindseligkeit auf, und ehe sie sich versehen, sind die beiden Menschen in einen heftigen Streit verwickelt, in dessen Verlauf jeder vorsätzlich den anderen zu verletzen sucht. Der Ausspruch: »Ich weiß nicht, was da in mich gefahren war« beschreibt eine solche Situation recht genau. Denn es ist wirklich so, als ob sich irgendeine andere »Person« dieser Menschen bemächtigt hätte und sie alle möglichen Dinge tun und sagen ließe, die sie gar nicht zu tun und zu sagen beabsichtigten. Was hierbei vor sich geht, kann folgendermaßen graphisch dargestellt werden:

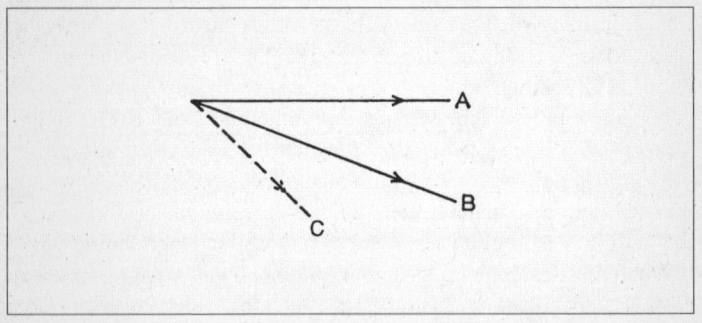

Alles, was wir über unsere Motive und über das, was wir wollen, wissen, all das überzeugt uns davon, daß wir uns auf A hinbewegen sollten. Trotzdem müssen wir feststellen, daß wir auf B zusteuern. Für den Mathematiker – wie auch für den Psychologen – liegt die Erklärung dafür klar auf der Hand: Es existiert eine weitere Kraft von unbekannter Stärke, die uns in eine unbekannte Richtung C zieht. Unsere tatsächliche Marschroute (von O nach B) ist dann die Resultante aus der (uns bekannten) Kraft, die von O nach A strebt, und der (uns unbekannten) Kraft, die uns von O nach C zieht:

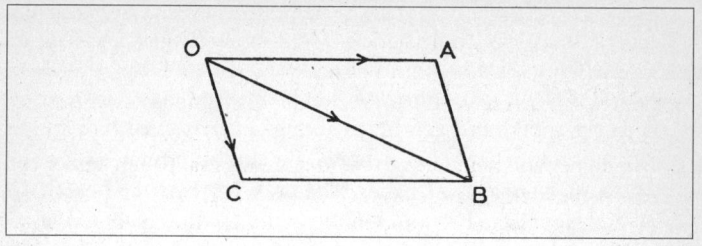

Doch leider hilft uns das Kräfteparallelogramm der Mathematiker nur wenig, da wir keinerlei Möglichkeit besitzen, die Kräfte zu messen, die uns entweder nach A oder nach B hinziehen. Im Parallelogramm hängt aber die Länge der Seiten von der Stärke der Kräfte ab. Können wir die Kräfte nicht messen, dann können wir die Länge der Seiten nicht angeben – d. h. wir können C nicht bestimmen; es kann im Bezug auf O, A und B fast überall sein, z. B.:

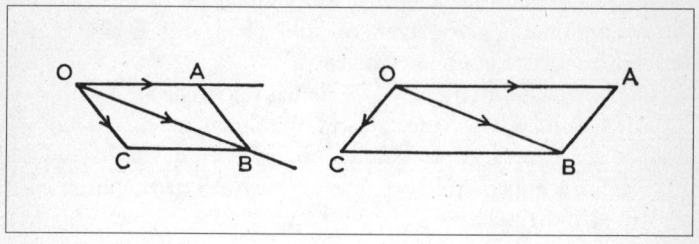

Ganz ähnlich verhält es sich auch mit dem, was Psychotherapeuten einen »übersteigerten Affekt« nennen. Es geschieht nicht selten, daß Menschen von einer Emotion ergriffen werden, die sie daran hindert, so vernünftig zu denken und zu sprechen, wie sie das normalerweise tun. Maßloser Ärger über etwas, das gesagt wurde, überkommt sie; Abneigung gegenüber einer Person, die etwas sagt; oder auch Liebe und Zuneigung. Merkwürdig daran ist nur die Kraft und das Ausmaß des Affektes, nicht das pure Vorhandensein von Ärger, Abneigung oder Liebe. Der Affekt ist dann übersteigert, wenn er zu dieser Zeit im Leben eines Menschen eine allzu große Rolle spielt. Oft tritt ein übersteigerter Affekt im Zusammenhang mit politischen Überzeugungen auf: Allein die Einschätzung einer Person als

Kapitalist oder Sozialist mag eine andere Person davon abhalten, sich eine objektive und vernünftige Meinung über das zu bilden, was der so abgestempelte Mensch sagt. Früher galt das auch im Hinblick auf die Religion; heutzutage allerdings nehmen die wenigsten Menschen ihre Relgionszugehörigkeit noch entsprechend ernst.

Zu diesen merkwürdigen Erscheinungen gehören auch die sogenannten »Stimmungen«. Bezeichnend für eine Stimmung ist, daß sie keine plausible Ursache zu haben scheint. Wir sehen nur einfach die ganze Welt aus einem bestimmten Blickwinkel – durch eine rosarote Brille beispielsweise oder grau in grau. Möglicherweise sehen wir uns außerstande, die Dinge zu tun, die wir eigentlich tun sollten – und wollen auch gar nichts anderes tun. Solche Stimmungen haben zwar häufig irgendeinen Anlaß, nur müssen wir bei näherem Hinsehen feststellen, daß die Wirkung in keinerlei Verhältnis steht zur Ursache. Ein Brief auf dem Frühstückstisch, der irgendeine ganz gewöhnliche schlechte Nachricht enthält, wie z. B., daß ein Freund seinen Besuch verschieben muß oder jemand aus der Familie sich einquartieren will – ein solcher Brief kann uns für den ganzen Tag in traurige Stimmung versetzen, obwohl wir eigentlich wissen, daß eine solche Reaktion unberechtigt ist.

Jeder von uns stößt irgendwann einmal auf solche merkwürdigen Verhaltensweisen; wir haben gelernt, mit ihnen zu leben. Und obwohl es uns normalerweise gelingt, unser Leben davon nicht allzu sehr beeinträchtigen zu lassen, bleiben sie doch merkwürdig. Wir wissen, daß sie geschehen, aber wir können nicht wirklich erklären, warum; und wir lassen sie im allgemeinen lieber vorübergehen, anstatt zu versuchen, ihnen auf den Grund zu gehen. In den allermeisten Fällen ist dies auch genau das richtige Verhalten; und wenn es keinen weiteren Grund für die Psychotherapie gäbe als nur die Existenz solcher merkwürdigen Verhaltensweisen, dann würde man wahrscheinlich nicht viel Aufhebens von ihr machen. Merkwürdige Verhaltensweisen, wie die eben beschriebenen, sind jedoch eng mit einigen Formen von Geisteskrankheit verknüpft, und die gleichen psychologischen Ideen, die zur Erklärung solch merkwürdigen Verhaltens beitragen, helfen dem Arzt auch, Geisteskrankheiten in den Griff zu bekommen.

Geisteskrankheiten

Der Grund, warum wir bestimmte Verhaltensweisen, die uns unterlaufen, als merkwürdig bezeichnet haben, ist ihr zweideutiger Charakter, der einen Widerspruch enthält. Diese Dinge gehören zu uns, wir tun sie, aber dennoch geschehen sie nicht aufgrund unserer bewußt getroffenen Entscheidung. In ein und demselben Augenblick tun wir sie – und passieren sie uns. Ferner ist ihnen allen ein Wesenszug gemein, den man am treffendsten als »Besessenheit« charakterisieren könnte. Es ist tatsächlich so, als seien nicht wir selbst, sondern als sei irgendeine fremde Kraft in unserem Inneren für unser Verhalten verantwortlich – genau dieses Gefühl haben wir. Gehen wir einen Schritt weiter, dann taucht die Idee des Unbewußten auf, die Vorstellung, daß es ein »Etwas« in unserem Inneren gibt, das für diese Geschehnisse verantwortlich ist, über das wir jedoch keine direkte Kontrollmöglichkeit besitzen.

Solch merkwürdige Verhaltensweisen kann fast jeder von uns ab und zu an sich selbst beobachten, und deshalb sind sie gut geeignet, uns an die Idee des Unbewußten heranzuführen. Ursprünglich jedoch wurde diese Idee im Zusammenhang mit der Behandlung von Geisteskrankheiten erarbeitet, wo die Vorstellung von Besessenheit ja noch in weit stärkerem Maße zutrifft. In der Vergangenheit hat man die Stadien der Geistesgestörtheit, die auftraten, mit ganz verschiedenen Namen belegt. Auch wandelten sich die Bezeichnungen von Zeit zu Zeit. Heutzutage spricht man im allgemeinen von »Neurose« oder »Psychose«. Die merkwürdigen Verhaltensweisen im täglichen Leben verursachen normalerweise keine allzu große Störung; andererseits können sie bei häufigerem und verstärktem Auftreten eine ernste Situation heraufbeschwören. Gerät ein Mensch durch sein merkwürdiges Verhalten in echte Schwierigkeiten, dann sprechen wir von einer Neurose.

Neurose Ein Mensch, der an einer Neurose leidet, weiß, was er mit seinem Leben anfangen möchte, und er wird versuchen, seine bewußten Pläne und Absichten zu verfolgen. Auch hat er eine mehr oder weniger klare Vorstellung davon, wie er mit anderen Menschen und mit Dingen in Beziehung treten will; dennoch scheitern seine Bemühungen durch sein merkwürdiges Verhalten. Er sagt dumme

Sachen, wenn er besonders vernünftig sein möchte; er stößt die Leute vor den Kopf, die er eigentlich beeindrucken will; die Dinge wachsen ihm über den Kopf. Er verhält sich anderen Menschen gegenüber ausgesprochen ungeschickt und falsch, und nicht selten hat er das Gefühl, daß sie irgendwie gegen ihn sind. Die Ideen eines Menschen, der an einer Neurose leidet, sind nicht absurd, sondern vielmehr maßlose Übertreibungen eines vernünftigen Standpunktes. Die Person beispielsweise, die sich ständig zu übermäßigem Dank verpflichtet fühlt, leidet an einer, allerdings sehr schwachen, Neurose. Ihre Dankbarkeit ist zwar nicht fehl am Platze, aber sie liegt eben jenseits jeder Verhältnismäßigkeit. Eine neurotische Einstellung muß durchaus nicht als solche verkehrt sein, aber sie ist der tatsächlichen Situation unangemessen. Normalerweise kann man mit einem Menchen, der an einer Neurose leidet, trotzdem ganz vernünftig reden, und sofern er sich bemüht, wird er sich auch in etwa ein Bild von dem machen können, was mit ihm los ist. Mit anderen Worten: Eine solche Person besitzt zwar einen verhältnismäßig klaren Verstand, ist aber andererseits nicht imstande, mit allem, was geschieht, fertig zu werden, und neigt daher dazu, die Kontrolle über ihr Verhalten zu verlieren.

Psychose Eine Neurose ist eine Störung des Geistes, die es den Menschen sehr schwer macht, mit dem Leben und seinen Problemen fertig zu werden. Jedoch ist sich die neurotische Person der sich vor ihr türmenden Schwierigkeiten sehr wohl bewußt, auch wenn ihr vielleicht nicht klar ist, daß der Ursprung hierfür in ihr selbst liegt. Von einer Psychose dagegen sprechen wir, wenn das Leben eines Menschen derart gestört ist, daß dieser keine klaren und verständlichen Absichten und Ziele mehr formulieren und verfolgen kann. Eine Psychose ist eine Krankheit des Geistes, und ein Mensch, der an einer Psychose leidet, verliert zeitweise jeden Kontakt mit der Welt, in der er lebt. Manchmal sind Psychosen sogar mit einer physischen Degeneration des Gehirns verbunden.

Es gibt sehr viele verschiedene Arten von Psychosen, aber sie sind alle gekennzeichnet durch einen Zusammenbruch der Persönlichkeit angesichts realer oder imaginärer Probleme. Z. B. scheint ein psychotischer Mensch manchmal gar nicht *eine* Person zu sein, da seine Einstellung gegenüber Leuten und Dingen abrupt von einem

Extrem ins andere umschlagen kann: In einem Augenblick fühlt er sich von lauter Freunden umgeben, die ihm zu helfen versuchen; doch schon im nächsten glaubt er, daß dieselben Leute ihn unbedingt hereinlegen wollen. Jedes Mal, wenn man mit ihm zusammentrifft, kann seine Meinung eine andere sein, und seine Pläne und Absichten wechseln täglich, oder sogar stündlich. Er lebt mitunter in einer Welt außergewöhnlicher Ideen und Phantasien, die er nicht von der Wirklichkeit unterscheiden kann. Andere Formen der Psychose bringen mehr oder weniger regelmäßige Veränderungen mit sich. Einmal ist solch ein Mensch dem absoluten Trübsinn verfallen, ein Gefühl des Elends und der Verzweiflung übermannt ihn; das Leben erscheint ihm leer und bedeutungslos, jeder und alles ist gegen ihn. Der ganze Geist wird in derartigen Zeiten von einem Gefühl der Depression erfaßt – worin auch zugleich der Unterschied zu einer depressiven Stimmung begründet liegt. Bei letzterer nämlich erinnern wir uns sehr wohl an weniger finstere Zeiten und wissen, daß es auf der Welt auch noch schöne Dinge gibt; auch können wir oft etwas gegen diese Stimmung tun. Handelt es sich aber um eine Psychose, dann kann sich der Mensch überhaupt nicht mehr vorstellen, daß es irgendwo noch etwas anderes gibt als die Finsternis, in der er sich befindet. Im Verlauf einer Psychose kann nun auf solch ein depressives Stadium eine Periode scheinbarer Normalität folgen, in der der Mensch bestens mit den Problemen des normalen Lebens fertig wird. Danach tritt womöglich das Gegenteil zur Depression ein, und der Mensch wird von einer übertriebenen Hochstimmung erfaßt. Er kümmert sich nicht um die Meinung anderer oder um Konventionen und hat offenbar nicht die geringsten Sorgen – die normalen Grenzen menschlichen Lebens scheinen für ihn nicht zu existieren.

Zu allen Formen der Psychose gehört aber – als Wirkung auf Außenstehende – ein Gefühl der Unsicherheit darüber, wer die Person, die an der Psychose leidet, eigentlich wirklich ist. Entweder hat man den Eindruck, gar nicht an die Person heranzukommen, weil sich deren gesamtes Leben nur in ihrem Inneren abspielt; oder man glaubt, es nie mit mehr als nur einem kleinen Teil der Person zu tun zu haben, wobei man jeden Augenblick auf einen anderen Teil trifft; oder das Wesen eines solchen Menschen scheint beim geringsten Anlaß von extremem Pessimismus in überschwengliche Begeisterungsfähigkeit umzuschlagen. Ein psychotischer Mensch erweckt den Anschein, durch die Widerwärtigkeit des Lebens in Stücke gespalten worden zu sein.

Multiple Persönlichkeit Es gibt nur sehr wenige exakt belegte Fälle von multipler Persönlichkeit. Diese unterscheidet sich von einer Psychose in zwei wichtigen Punkten. Ein Individuum mit multipler Persönlichkeit wechselt nicht fortwährend seine Einstellung, sondern bleibt über einen längeren Zeitraum hinweg eine mehr oder weniger stabile Persönlichkeit – bevor sich diese dann vollständig verändert. Jede gerade herrschende Persönlichkeit wird den Erfordernissen des täglichen Lebens mehr oder weniger gerecht; nur gibt sie ab und zu einer der anderen Persönlichkeiten ihre Vormachtstellung ab. In zwei exemplarischen Fällen handelte es sich ursprünglich nur um jeweils zwei Persönlichkeiten, obwohl dann nach Beginn der Behandlung eine dritte auftauchte. Im Fall der Evelyn Lancaster wurden die beiden ursprünglichen Persönlichkeiten »Eve White« und »Eve Black« genannt. Eve White wußte nichts von der anderen, Eve Black dagegen rühmte sich, alles, was sie nur wollte, über Eve White zu wissen (obwohl sie sich für vieles gar nicht interessierte). Eve Black war die Persönlichkeit, die das normale Leben von Eve White störte. Und bei mindestens zwei Gelegenheiten geschah es, daß Eve Black in dem Moment, in dem sie sich in eine Lage gebracht hatte, die sie nicht beherrschte, einfach verschwand und Eve White das Feld überließ.

Das Ich

Merkwürdige Verhaltensweisen, die weniger kompliziert sind und denen wir alle einmal begegnen – Träume und Versprecher beispielsweise wie auch Neurosen und Psychosen –, sie alle haben einen Aspekt gemeinsam: Überall ist ein Verhalten mit im Spiel, das die betroffenen Menschen nicht vorsätzlich geplant haben, auch nicht beabsichtigten, und für das sie auch nicht in der gleichen Weise verantwortlich sind wie für den normalen geordneten Ablauf ihres Lebens. Um darüber sprechen zu können, muß man imstande sein, zwischen den Dingen zu unterscheiden, die ein Mensch wohlüberlegt und mit voller Absicht tut, und denen, die – so scheint es – durch ihn geschehen. Daher sprechen wir vom »Ich«, wenn wir durchdachte und bewußte Handlungen meinen. Anders ausgedrückt: Das Ich hat das Leben eines normalen Menschen unter Kontrolle, außer, wenn er sich merkwürdig benimmt; und wir sprechen vom Ich als dem Zentrum des Bewußtseins. Noch korrekter ist es vielleicht, sich das Ich als eine Anzahl bewußter psychischer Elemente vorzustellen, die so miteinander verknüpft sind, daß sie normalerweise miteinander kooperieren. Von dieser Auffassung des Ich ausgehend, können wir das merkwürdige Verhalten als Folge einer Störung der Arbeit des Ich durch andere psychische Elemente begreifen, von denen wir nichts wissen, die aber dennoch unseren Geist beeinflussen.

Merkwürdige Verhaltensweisen einfacherer Natur finden sich selbst im Leben eines Menschen, dessen Ich relativ stark entwickelt ist; sie führen allerdings zu keinerlei ernsthaften Störungen seines Lebens. Der Neurotiker hat dagegen ein verhältnismäßig schwaches Ich, das zwar normalerweise sein Leben beherrscht, das jedoch häufig starken Störungen durch andere psychische Kräfte ausgesetzt ist, die es daran hindern, die Probleme des täglichen Lebens in angemessener Weise zu meistern. Eine Psychose wirkt direkt auf das Ich selbst ein. Dabei kann das Ich den Versuch aufgeben, das Leben in der realen Welt zu beherrschen, und sich stattdessen in eine Traumwelt flüchten; oder es wird vielleicht von Zeit zu Zeit sogar gänzlich von einer anderen Kraft (oder anderen Kräften) überwältigt, die dann für einen längeren oder auch kürzeren Zeitraum die Kontrolle übernimmt. Sofern nicht gerade das Ich die Oberhand hat, macht die psychotische Person einen alles anderen als vollständigen Eindruck; nur im seltenen Fall der multiplen Persönlichkeit scheinen die verschiedenen separaten Kontrollinstanzen in sich selbst als »Ichs« einigermaßen gut organisiert zu sein – weshalb sich auch jedes der Ichs wie eine relativ normale Person verhält.

Das Unbewußte

»Das Unbewußte« ist die Bezeichnung für das »Gefäß« jener »Dinge«, die in der Lage sind, den normalen bewußten Lebensablauf durcheinanderzubringen. Nachdem es angebracht scheint, von diesen unbekannten Dingen in einem Individuum so zu sprechen, als ob sie die Herrschaft über dieses übernehmen könnten, ist es wohl ebenso zweckmäßig, sich diese Dinge als irgendwo im Individuum existent vorzustellen. Wir sagen, sie seinen »unbewußt« oder lägen »im Unbewußten«. Wenn wir beispielsweise mit jemandem nett und freundlich sprechen wollen und uns dennoch ein harter und böser Satz herausrutscht, dann können wir das damit erklären, daß wir den unbewußten Wunsch hatten, die Person zu verletzen und zu kränken – obwohl wir glaubten, nur freundschaftliche Gefühle für sie zu empfinden.

Es ist äußerst wichtig und manchmal nicht ganz einfach, sich vor Augen zu halten, daß wir über etwas, das unbewußt ist, tatsächlich gar nichts wissen. Wenn wir beispielsweise davon ausgehen, daß ein Versprecher eine Einstellung gegenüber einer Person enthüllt, eine Einstellung aber, von der wir nichts wissen, dann erwarten wir auch nicht, daß es uns bewußt wird, daß wir diese Haltung einnehmen. Selbst Leute, die gewöhnt sind mit psychologischen Begriffen umzugehen, machen manchmal diesen Fehler, was sehr verwirrend und ärgerlich ist. Rutscht jemandem z. B. ein unfreundlicher Satz heraus, so könnte man zu ihm sagen: »Es sieht so aus, als ob Du eine unbewußte Abneigung gegen diese Person empfindest.« Antwortet er daraufhin: »Aber nein, ganz und gar nicht; ich bewundere diese Person zutiefst und finde sie sehr, sehr nett«, so zeigt das, daß dieser Mensch wirklich nicht die leiseste Ahnung davon hat, was es heißt, etwas ist unbewußt. Die Schwierigkeit besteht darin, daß es verschiedene Grade von Unbewußtheit gibt und daß es Situationen geben kann, in denen uns ein merkwürdiges Verhalten auf die Existenz einer Einstellung oder Idee hinweist, von der wir bislang gar nichts gewußt hatten. So etwas kann vorkommen, aber es gibt keinerlei zwingenden Grund dafür, warum es tatsächlich geschehen sollte. Glauben wir zu erkennen, wie ein merkwürdiges Verhalten irgendeine unbewußte Einstellung oder Idee verrät, dann sollten wir von der betroffenen Person nicht mehr Wissen darüber erwarten, als wir selbst als Zuschauer haben.

Das Unbewußte ist einzig durch die Art und Weise bekannt, in der es auf das Leben eines Menschen Einfluß nimmt; und wenn wir vom Unbewußten sprechen, dann reden wir meistens von den merkwürdigen Verhaltensweisen, die wir bereits dargestellt haben

– von den Verhaltensweisen, die nicht zu dem passen, was wir über uns selbst wissen. Es ist nicht ganz korrekt, zu sagen, etwas »liegt im Unbewußten«; denn wenn das zuträfe, dann könnten wir es nie und nimmer kennen und auch nicht untersuchen, so wie wir das mit dem Gehirn oder einer Amöbe unter dem Mikroskop tun. Was wir tatsächlich getan haben, das ist, uns ein Bild zurechtgelegt, mit dessen Hilfe wir über seltsame Verhaltensweisen sprechen können. Und es hat sich herausgestellt, daß dieses Bild tatsächlich in vielerlei Hinsicht sehr hilfreich ist – das seinen Gebrauch um so mehr rechtfertigt.

Selbst wenn wir eine Situation konstruieren, in der es ganz offensichtlich so aussieht, als ob Dinge zunächst unbewußt waren und dann später bewußt wurden (und diese Situation dann tatsächlich auch so eintrifft), selbst dann können wir nicht behaupten, damit die Existenz des Unbewußten bewiesen zu haben. Nehmen wir einmal folgendes an:

1. John ist einer Reihe von Mädchen begegnet und hat auch mit ihnen geschlafen. Aber außer in sexueller Hinsicht interessierten sie ihn wenig. Dann lernt er Janet kennen, die ihn, obwohl sie ganz und gar nicht »sein Typ« ist, fasziniert. Mit ihr kann er ohne Schwierigkeiten über interessante Dinge sprechen. Als er jedoch nach einer gewissen Zeit mit ihr schlafen möchte, ist er dazu nicht imstande.

2. John ist wegen verschiedener Dinge verwirrt. Er kann nicht verstehen, warum Janet ihn so fasziniert; er ist überrascht von der Art und Weise, wie sie miteinander sprechen, und er ist schockiert über seine Impotenz. Er sucht Hilfe, und man erzählt ihm eine Geschichte über das Unbewußte, die er selbst schließlich auch glaubt: Janet besitzt einige Züge, die ihn, obwohl er das gar nicht bemerkt hatte, an seine Mutter erinnern. Die Art, wie sie beide miteinander reden, ähnelt der, wie er sich, als er etwa zwanzig war, mit seiner Mutter unterhielt. Obwohl er nichts darüber gewußt hatte, hatte er für seine Mutter sehr starke sexuelle Gefühle empfunden. Und nun vermengte er Janet und seine Mutter (irgendwo »in seinem Unbewußten«) derart miteinander, daß er, als er mit Janet schlafen wollte, ohne sein Wissen vom Inzesttabu daran gehindert wurde.

*

3. Nach einiger Zeit ändert sich Johns Beziehung zu Janet. Er ist sich im klaren darüber, daß sie ihn an seine Mutter erinnert. Obwohl sie ihn nun nicht mehr in der gleichen Weise wie früher fasziniert, mag er sie dennoch aus vielen anderen Gründen. Er erkennt, daß ihre gemeinsamen Gespräche denen von früher mit seiner Mutter ähneln – aber auch diese entwickeln sich jetzt in einer neuen Richtung. John weiß ebenfalls, daß er seiner Mutter sexuelle Gefühle entgegenbrachte und ist, bis zu einem gewissen Grad in der Lage, diese von seinen Empfindungen für Janet zu trennen. Er kann jetzt auch mit Janet schlafen.

Diese drei Situationen kann man folgendermaßen darstellen:

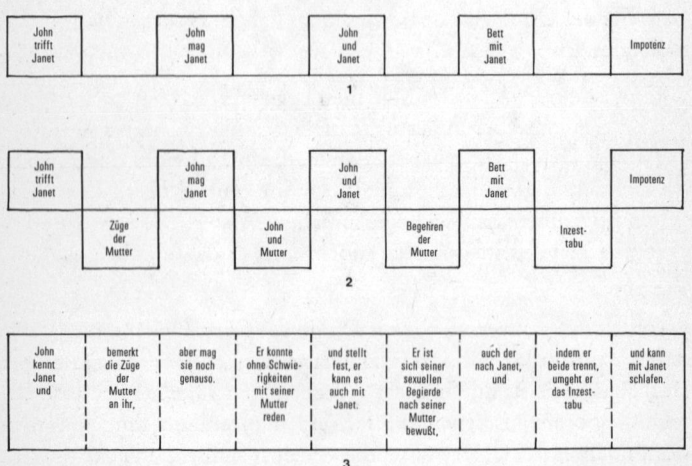

Es hat den Anschein, als ob das, was in Bild 2 unter der Linie stand, nun in Bild 3 über derselben steht – was genau unserer Redeweise entspricht, daß »Dinge bewußt werden«. Und das, obwohl wir überhaupt nicht wissen, ob irgend etwas Derartiges geschehen ist. Wir wissen lediglich, daß sich die unter 1 beschriebene Situation in die unter 3 aufgezeichnete entwickelt hat. Das Erzählen der Geschichte über das Unbewußte, im 2. Bild veranschaulicht, mag etwas damit zu tun gehabt haben – aber mehr können wir dazu nicht sagen.

Es ist eine Tatsache, daß in unserem Leben Dinge passieren, die wir nicht auf einen äußeren Einfluß zurückführen können, für die wir uns andererseits aber auch nicht selbst verantwortlich fühlen in dem Sinne, daß wir sie beabsichtigt oder uns entschlossen hätten, sie zu tun. Das gehört jedoch ebenso zur menschlichen Natur wie das manchmal sehr genaue Wissen, wie und warum wir etwas getan haben. Jede umfassende Darstellung menschlichen Lebens muß dieser Tatsache Rechnung tragen, und die Idee des Unbewußten hat sich dabei als sehr wertvoll und hilfreich erwiesen.

Die Psyche

Bisher haben wir den Ausdruck »der Geist« immer sehr frei gebraucht. Wir sollten das Wort »Geist« jedoch nur dann verwenden, wenn wir von unserem geistigen Selbst sprechen, wie wir es durch Introspektion kennen. Mit anderen Worten: »Geist« meint Bewußtsein. Und wie eben ausgeführt, ist das ja eigentlich alles, was wir tatsächlich über uns selbst wissen, denn das Unbewußte ist lediglich ein Bild, das uns hilft, über die merkwürdigen Dinge zu sprechen, die in unserem Leben passieren. Es ist nur zu natürlich, daß wir uns vorstellen, das Unbewußte bestünde aus ähnlichen Dingen wie unser Geist und beide zusammen formten ein Ganzes – für das wir den Ausdruck »Psyche« verwenden. Demnach würde der Begriff »Psyche« die Idee von einer gesamten inneren Welt beinhalten, die sowohl aus bewußten wie auch aus unbewußten Elementen bestünde.

Auch wenn wir nicht mit Sicherheit sagen können, ob der unbewußte Teil der Psyche (oder die »unbewußte Psyche«) dem bewußten Teil (dem Geist) gleicht, so wissen wir doch wenigstens, daß er in der gleichen Weise unser Verhalten beeinflußt. Hassen wir jemanden, dann sagen wir höchstwahrscheinlich garstige Dinge zu ihm – und wenn wir jemanden unbewußt hassen, dann kann es passieren, daß wir aus Versehen etwas Böses zu ihm sagen. Der Unterschied liegt nur darin, daß wir im ersteren Fall wissen, was wir tun, im zweiten jedoch nicht. Diese Tatsache, daß Bewußtsein und Unbewußtes uns auf sehr ähnliche Weise beeinflussen, ist ein guter Grund dafür, beide als Teile eines einzigen Dinges zu betrachten – eines Dinges, das wir die »Psyche« nennen.

Die Psyche ist ein lebendiger Organismus, der sich ständig weiterentwickelt. Dies gilt auch für ihre beiden Bestandteile – Bewußtsein und Unbewußtes. Die Veränderungen in unserem Bewußtsein können wir wahrnehmen und beispielsweise sagen: »Das hätte ich vor wenigen Jahren noch nicht gesagt« oder »Ich hätte mich letztes Jahr wirklich nicht so verhalten sollen« oder »Meine Ideen haben sich seitdem um vieles weiterentwickelt«. Wenn wir ein Tagebuch führen oder unsere Gedanken genau beobachten, dann können wir zurückblicken und feststellen, wie sehr sich unser Geist in einem bestimmten Zeitraum verändert und weiterentwickelt hat. Das Unbewußte, so stellen wir uns vor, verändert und entwickelt sich auf gleiche Art und Weise; nur haben wir eben keinerlei Möglichkeit, den tatsächlichen Veränderungsprozeß zu beobachten. Was wir bemerken, das ist, daß die merkwürdigen Verhaltensweisen, die von der Einmischung unbewußter Elemente in unser Leben herrühren, daß diese Verhaltensweisen von Zeit zu Zeit andere Formen annehmen und somit anzeigen, daß das Unbewußte selbst sich verändert hat.

4. Wie die Psyche funktioniert

Ein Bild der Psyche

Da wir nicht wissen, wie das Unbewußte aussieht, ist jedes Bild, das wir uns von der Psyche machen, nichts weiter als nur eine brauchbare Art, über sie nachzudenken. Das jedoch bedeutet, daß kein Bild das einzige, das korrekte ist und daß auch das Bild, das wir hier beschreiben, nur eine von vielen Möglichkeiten ist, sich mit der Psyche zu befassen.

Man stelle sich einen riesigen Zylinder voll Wasser vor, dessen oberer Teil beleuchtet ist, so daß man deutlich die Dinge sehen kann, die darin herumschwimmen. Schaut man tiefer hinein, so kann man bereits weit weniger erkennen, und der größte Teil des Zylinderinhalts ist überhaupt vollkommen unsichtbar. In dem beleuchteten Teil herrscht viel Bewegung, und man kann verfolgen, wie sich manche Dinge unseren Blicken entziehen und nach unten sinken, während andere aus der Tiefe heraufsteigen.

Der obere, beleuchtete Teil veranschaulicht den bewußten Geist, und die Dinge, die man darin sehen kann, stellen all jene Gedanken, Ideen, Wünsche usw. dar, von deren Existenz wir wissen. Diese Dinge, so kann man ferner erkennen, bilden eine Art Muster: Eine größere Anzahl von ihnen gruppiert sich zusammen und formt so eine ziemlich dichte Masse – die das »Ich-Bewußtsein« darstellt, die beherrschenden Ideen und Merkmale unserer Persönlichkeit. Mit dieser zentralen Masse sind manche Dinge nur lose verbunden, und andere haben kaum noch eine Verbindung zu ihr; letztere sind diejenigen, die nach unten zu sinken tendieren. Der untere Teil des Zylinders, in dem wir nichts erkennen können, veranschaulicht das Unbewußte.

Die Bewußtseinsschwelle   Das Bild der Psyche enthält auch eine Zwischenzone zwischen dem hell erleuchteten Bewußtsein und dem Unbewußten. Es ist der Bereich, indem man zwar nichts mehr klar erkennt, die Dinge jedoch noch als sich bewegende Formen wahrnimmt. Dieser Zone entspricht in unserem Leben die Tatsache, daß viele Dinge »in unserem Hinterkopf« ruhen; Dinge, die wir uns ohne Schwierigkeiten bewußt machen können, wenn wir ihnen unsere Aufmerksamkeit schenken; die wir jedoch meistens ignorieren.

Diesen Bereich zwischen Bewußtsein und Unbewußtem nennen wir die »Bewußtseinsschwelle«. Die Dinge, die »oberhalb dieser Schwelle« liegen, sind uns voll bewußt und spielen fast ständig eine Rolle in unserem Leben; die »unterhalb der Schwelle« sind unbewußt und können unser Leben nur auf Umwegen beeinflussen. Man sagt, die Dinge unterhalb der Schwelle seien »subliminal«, was nichts anderes bedeutet als unterschwellig.

Es ist nicht weiter schwierig, Beispiele für subliminale Dinge anzuführen. In jedem Augenblick empfangen wir Sinneseindrücke von unserer äußeren Umgebung, schenken einem Großteil davon aber keinerlei Aufmerksamkeit. Wir achten beispielsweise nicht darauf, wo in einem Raum die Stühle stehen – bis wir uns hinsetzen wollen. Dann jedoch wissen wir genau, wo wir uns niederlassen können. Wir erinnern uns vielleicht an ein besonderes Merkmal eines Zimmers, nachdem wir dieses verlassen haben – obwohl uns absolut nichts aufgefallen war, solange wir drinnen waren. Wir haben womöglich vergessen, wie eine uns bekannte Straße aussah – und doch ist uns jede Einzelheit wieder gegenwärtig, wenn wir dorthin zurückkehren. Teile unseres Wissens, die wir im Augenblick nicht benötigen, können wir in den hintersten Winkel unseres Geistes gepackt haben, um sie bei entsprechender Gelegenheit wieder hervorzuholen. Diese unterschwelligen Dinge sind normalerweise nicht im Bewußtsein, sie sind jedoch keineswegs verloren, sondern bei Bedarf zurückrufbar.

Dinge, die in dieser Weise subliminal sind, tauchen im Bewußtsein auf und verschwinden auch wieder daraus, d. h. sie sind imstande, die Bewußtseinsschwelle zu überschreiten. Das ist verhältnismäßig leicht zu verstehen. Schwieriger ist es schon zu begreifen, wie die Bewußtseinsschwelle selbst sich bewegen kann. In unserem Bild heißt das schlicht, daß die beleuchtete Zone oben manchmal größer, manchmal kleiner wird. Es kann jedoch auch bedeuten, daß sich das Licht von der Hauptgruppe, die das Ich-Zentrum des Bewußtseins darstellt, entfernt und auf einen anderen Teil des Zylinders zubewegt. Die Vergrößerung oder Verkleinerung des beleuchteten Bereichs ist mit der Konzentration des Menschen verbunden; sich konzentrieren heißt: die Aufmerksamkeit auf ein oder zwei ausgewählte Ideen oder Vorstellungen in unserem Geist lenken und den Rest ignorieren. Das bedeutet dann, daß sehr viel mehr subliminal ist als normalerweise üblich, und man könnte sagen: Die Bewußtseinsschwelle wurde angehoben. Wenn jemand beispielsweise sehr intensiv lernt, dann überhört er womöglich die Türglocke, die er normalerweise sehr wohl wahrgenommen hätte; und er weiß nachher auch gar nicht, daß es geläutet hat. Auf der anderen Seite verschiebt sich in einem Zustand der Entspannung und Muße die Bewußtseinsschwelle nach unten, und Gedanken und Bilder, derer wir uns bis dahin nie bewußt waren, tauchen (aus dem Unbewußten kommend) in unserem Geist auf. Der Verlagerung des Lichts vom Zentrum des Bewußtseins weg entspricht eine Erfahrung, die wir manchmal im Zusammenhang mit einem überwältigenden Gefühl, wie Angst oder Liebe, machen. In so einem Fall werden normale Einstellungen, Prinzipien und Gewohnheiten mitunter vollkommen vergessen, und der Mensch wird von inneren Kräften geleitet, die er im allgemeinen unter Kontrolle hat. Auch hier wird die Schwelle nach unten verschoben, wobei unbewußte Elemente eine größere Rolle spielen können als sonst in unserem Leben.

Das Unbewußte Wie schon gesagt, stellt der dunkle untere Teil des Zylinders das Unbewußte dar; und es gibt ein oder zwei Dinge, die wir uns hierzu ins Gedächtnis rufen sollten. Es ist dunkel, d. h. wir uns bis dahin nie bewußt waren, tauchen (aus dem Unbewußten im Unbewußten imstande, auf das Bewußtsein einzuwirken. Und zwar tun sie das überwiegend auf zwei Arten. Erstens verursachen sie in unserem bewußten Geist die Entstehung von Ideen, Gedanken, Stimmungen und Bildern, was sowohl seine Vor- als auch seine Nachteile hat. Vorteile deshalb, weil wir unseren bewußten Geist nie weiterentwickeln könnten, wenn nicht immer neue Dinge aus dem Unbewußten hinzukämen; Nachteile, weil diese Dinge manchmal auf ungebührliche Weise unser bewußtes Denken und Planen beeinträchtigen. Es kann sogar passieren, daß die Dinge im Unbewußten die Kontrolle über unseren Körper übernehmen und unser körperliches Verhalten beeinflussen – vor allem unsere Rede.

Bis jetzt haben wir das Unbewußte stets nur als dunkle, undurchsichtige Masse, die unterhalb des Bewußtseins liegt, betrachtet. Aber im Laufe ihrer Arbeit sind Psychotherapeuten zu der Auffassung gelangt, daß man sich das Unbewußte als eine sich verändernde, strukturierte Anordnung von Teilen mit verschiedenen Unterabteilungen und eigner Organisation vorstellen muß.

Was wir bisher in diesem Kapitel gesagt haben, das wird mehr oder weniger allgemein von allen Psychotherapeuten anerkannt. Beginnt man jedoch die Struktur des Unbewußten zu diskutieren, so fangen die Unterschiede zwischen den psychotherapeutischen Schulen an, wichtig zu werden. Sie unterscheiden sich hauptsächlich in ihrer Vorstellung von der inneren Aufgliederung der unbewußten Psyche. Wir werden hier jedoch zunächst damit fortfahren, bestimmte Ideen zu erklären, die allen Schulen gemeinsam sind.

Verdrängung

Es besteht allgemeine Einigkeit darüber, daß viele der Dinge im Unbewußten als Folge von Verdrängung unbewußt geworden sind, und die Idee der Verdrängung spielt bei allen Arten von Psychotherapie eine Rolle. Das bedeutet, daß sich einige Dinge im Unbewußten befinden, die zum einen oder anderen Zeitpunkt einmal bewußt waren – wobei das Wort »Verdrängung« eben auf dieses Geschehen hinweist. Verdrängung ist sehr eng verknüpft mit Vergessen.

Irgend jemand hat einmal ausgeführt, daß die Fähigkeit zu vergessen eigentlich ebenso wertvoll sei wie die, sich zu erinnern. Es ist zwar immer schön, sich an etwas erinnern zu können, aber wenn wir alles, was uns jemals passiert ist, noch im Gedächtnis hätten, dann wäre in unserem Geist nicht der geringste Platz mehr. Wir würden von unseren Erinnerungen erstickt! In unserem Bild wird der Vorgang des Vergessens durch das Sinken der Dinge in die Dunkelheit verdeutlicht, durch ihr Verschwinden aus dem Licht des Bewußtseins – d. h. durch ihr Unterschwellig-werden. Wir sollten eigentlich sagen, daß solche Dinge subliminal geworden sind, nicht, daß sie uns aus dem Kopf gegangen sind; denn es ist eine bekannte Tatsache, daß längst vergessene Erinnerungen mit Hilfe des richtigen Stimulus wieder wachgerufen werden können. Obwohl wir etwas vielleicht vergessen haben, ist es doch auf eine bedeutende Weise in unserer Psyche gegenwärtig – und das meinen wir, wenn wir sagen, etwas sei unbewußt.

Der Unterschied zwischen Vergessen und Verdrängen ist ein überwiegend gradueller und wird gekennzeichnet durch die Schwierigkeit, etwas zur angemessenen Zeit ins Bewußtsein zurückzurufen. Etwas, das man nur vergessen hat, kann man normalerweise, sollte es notwendig sein, ins Gedächtnis zurückholen; wurde eine Sache jedoch verdrängt, so kann sie nur mit größter Anstrengung ins Bewußtsein zurückgebracht werden. Nicht selten befaßt sich die psychologische Analyse gerade damit, Verdrängtes wieder bewußt zu machen. Während wir uns vorstellen können, daß vergessene Dinge sanft aus der Zone des Bewußtseins nach unten gesunken sind, hat man den Eindruck, als ob Verdrängtem ein schweres Gewicht angehängt worden wäre, damit es ja nicht wieder nach oben kommt.

Warum wird manches verdrängt? Die Antwort lautet: Wir verdrängen die Dinge, die unserer Meinung nach nicht innerhalb der zentralen Organisation unseres Bewußtseins akzeptiert werden können. Existiert beispielsweise in unserem Bewußtsein ein beherrschender Wunsch, dann neigen wir dazu, ein Prinzip, das die Erfüllung dieses Wunsches verbietet, zu verdrängen; stellt andererseits ein Prinzip einen bedeutenden Wesenszug unseres Bewußtseins dar, dann werden wir einen Wunsch, der nur auf Kosten dieses Prinzips erfüllt werden könnte, verdrängen. Wir verdrängen außerdem solche Dinge, die unsere Vorstellung von uns selbst zerstören könnten. Hat z. B. jemand etwas Gemeines und Feiges getan, dann muß er wählen: Er muß sich entweder eingestehen, daß er ein Mensch ist, der zu solchen Dingen fähig ist, oder er muß die Tatsache, daß er das getan hat, aus seinem Geist verbannen – d. h. er muß die Erinnerung daran verdrängen. Gesteht er sich ein, daß er ein Mensch ist, der solche Dinge tut, dann kann er sich selbst fortan nicht mehr als mutig einschätzen, so wie er es – was wir annehmen – bisher getan hat. Wir verdrängen die Dinge, die unsere Einschätzung von uns selbst – hätten wir sie in Erinnerung – gefährden würden, sei es, weil sie beweisen würden, daß wir nicht die Person sind, für die wir uns gerne halten, oder sei es auch, weil sie uns vielleicht zu Dingen veranlassen würden, die nicht zu unserer Vorstellung von uns selbst passen. Ein früherer Erzbischof von Canterbury hat einmal zum Thema sexuelle Sünden bermerkt: »Wir müssen den Leuten sagen, daß sie diese Dinge weder tun noch den Wunsch haben sollen, sie zu tun.« Das ist eine Empfehlung nicht nur zur Kontrolle, sondern zur Verdrängung sexueller Wünsche, denn es bedeutet: Verbannt sie aus eurem bewußten Geist! Verdrängung ist ein Weg zur Umgehung moralischer Probleme. Anstatt zuzugeben, daß zwischen verschiedenen Seiten unseres Wesens Unstimmigkeiten bestehen, und anstatt zu versuchen, mit dieser Tatsache fertig zu werden, verwerfen wir schlicht die eine Seite zugunsten der anderen.

Im allgemeinen wird von Verdrängung so gesprochen, als sei sie immer etwas Schlechtes, aber das ist nicht die ganze Wahrheit. Denn obwohl Verdrängung gewöhnlich den Beigeschmack des Unerwünschten trägt, spielt sie doch bei der Entwicklung des Individuums eine nicht unwesentliche Rolle. Die Dinge, die verdrängt wurden, würden nämlich womöglich die Stabilität des Bewußtseins bedrohen. Ein Beispiel: Ein Mensch verdrängt die schmerzliche Erinnerung an irgendeine dumme und unverantwortliche Handlung, weil diese ihm jedes Selbstvertrauen nehmen und ihn unfähig machen würde, mit seinem Beruf und sonstigen Pflichten fertig zu werden. Ein anderer verdrängt eine schlechte Tat, weil die Erinnerung daran jede Fortentwicklung seiner besseren Charaktereigenschaften nahezu unmöglich machen würde. Manchmal ist die Verdrängung derartiger Dinge absolut notwendig, wenn ein Mensch wachsen und reifen soll; obwohl es dann später, wenn das Wachstum genügend weit fortgeschritten ist, ebenso wichtig werden kann, daß man sich an das, was verdrängt wurde, wieder erinnert. Verdrängung spielt vor allem in den frühen Stadien des Erwachsenseins eine wesentliche Rolle, wenn der junge Mensch als das Wichtigste ein geordnetes und stabiles Ich-Bewußtsein entwickeln soll, damit er anderen Menschen und der Welt gegenübertreten kann. Trotzdem bleibt es, auch nachdem all das ausgeführt wurde, richtig, daß Verdrängung eher unerwünscht denn positiv ist – dafür gibt es hauptsächlich zwei Gründe:

Der erste Grund, warum Verdrängung eher schlecht als gut ist, besteht darin, daß mit ihr stets der Verlust eines Teiles unserer selbst verbunden ist. Wenn wir etwas voll und ganz vergessen, das wir einmal gedacht oder getan haben oder das uns passiert ist, dann geht es dabei nicht mehr nur um das reine Vergessen einer Sache, sondern vielmehr darum, daß wir uns weigern einzusehen, daß wir der Mensch sind, der imstande ist, das zu tun, was geschehen ist. Wenn eine Erinnerung verdrängt wird, dann deshalb, weil sie irgendwie von einer Neigung in unserem Inneren zeugt, von der wir lieber glauben möchten, daß wir sie nicht besitzen. So gesehen bedeutet Verdrängung den Verlust von etwas, das zu uns gehört und mit dem sich unser Ich letztlich einigen muß. Spricht man allerdings davon, daß sich das Ich mit der verdrängten Seite unseres Wesens irgendwann einmal arrangieren *muß*, so bringt man damit die Vorstellung von Zwang mit ins Spiel, was im Zusammenhang mit Psychologie immer gefährlich ist. Es ist nämlich möglich, daß gewisse Dinge, würden sie nicht verdrängt, einen so destruktiven Einfluß auf den Charakter eines Menschen ausüben würden, daß es besser ist, wenn sie verdrängt bleiben; außerdem gibt es mit Sicherheit für jedes Ding die richtige Zeit, so daß es durchaus von Vorteil sein kann, eine verdrängte Erinnerung nicht zu einer bestimmten Zeit wiederzugewinnen. Wenn z. B. ein Mensch eine Vielzahl von Dingen verdrängt hat und trotzdem ein sinnvolles und befriedigendes Leben führen kann, dann wäre es wahrscheinlich falsch zu fordern, er solle mit den von ihm verdrängten Dingen ins Reine kommen. Die Idee, daß wir uns unbedingt unserer verdrängten Erinnerungen bewußt werden müssen, basiert auf dem Gefühl, daß es gut ist, unser *ganzes* Wesen weiterzuentwickeln. Trifft das tatsächlich zu, dann folgt daraus, daß Verdrängung etwas Schlechtes ist, weil sie verhindert, daß unsere verdrängten Wesenszüge mit in unser organisiertes Bewußtsein einbezogen werden.

Der zweite Grund, warum Verdrängung eher etwas Negatives ist, ergibt sich aus der Tatsache, daß sie nicht das tut, was wir gerne möchten. Wenn wir die Erinnerung an irgendeine Situation verdrängen, in der wir uns äußerst selbstsüchtig und unschön benommen haben, dann können wir uns zwar weiterhin als selbstlos und freundlich einschätzen und auch so tun, als seien wir es nach wie vor – an dem nackten Tatbestand ändert das gar nichts. Haben wir irgendwann einmal selbstsüchtig gehandelt, so geschah das, weil selbstsüchtige Elemente in unserem Charakter vorhanden sind; indem wir die Erinnerung daran verdrängen, weigern wir uns lediglich, diese selbstsüchtigen Elemente zuzugeben – »losgeworden«

sind wir sie aber dadurch nicht. Mit anderen Worten: Die Verdrängung kann dafür verantwortlich sein, daß wir eine uns innewohnende Neigung nicht kennen; diese existiert jedoch trotzdem und behindert möglicherweise eines Tages unsere bewußten Ziele. Etwas derartiges läßt sich häufig im Zusammenhang mit Selbstsucht beobachten, wenn z. B. eine Person, die bewußt sehr hart für andere Leute arbeitet und »nie an sich selber denkt«, dann plötzlich völlig zusammenbricht und somit andere sich um sie kümmern müssen. Auch gibt es ja tatsächlich Menschen, die in der Vorstellung leben, aus den selbstlosesten und edelsten Motiven zu handeln, obwohl für alle Unbeteiligten nur zu offenkundig ist, daß sie die Dinge einzig zu ihrem Vorteil einrichten. Gerade weil wir nichts über sie wissen, können verdrängte Neigungen zu allen möglichen eigenartigen Verzerrungen unseres Verhaltens führen. Sofern wir wissen, daß wir irgendwelche besonderen Neigungen besitzen, können wir versuchen, sie unter Kontrolle zu halten; aber solange diese unbewußt bleiben, sind wir vollkommen machtlos.

Über eines sollten wir uns auf jeden Fall immer im klaren sein, nämlich darüber, daß wir Dinge nicht in der Weise verdrängen, wie wir beispielsweise eine Arbeit vernachlässigen, die wir eigentlich tun sollten. Denn Verdrängung ist nicht etwas, das wir tun, sondern etwas, das uns geschieht. Versuchen wir wirklich etwas zu vergessen, dann gelingt uns das nur sehr selten; verdrängt werden Dinge jedoch ohne das mindeste bewußte und überlegte Zutun unsererseits. Darum ist es auch nicht ganz korrekt, wenn wir sagen »wir verdrängen« etwas; vielmehr wird etwas verdrängt. Wie gesagt, Verdrängung ist ein psychisches Mittel, um einen Konflikt zwischen unserem bewußten Charakter und anderen Neigungen in uns zu vermeiden. Das bedeutet jedoch, daß wenn es uns irgendwie gelingt, eine verdrängte Sache wieder ins Bewußtsein zurückzurufen, die Dinge dann keineswegs einfacher werden für uns. Vielmehr werden wir dadurch gewöhnlich mit Problemen und Konflikten konfrontiert, die wir vorher vermieden hatten. Diese Tatsache sollte man sich besonders dann vor Augen halten, wenn man von psychologischer Analyse spricht. Denn es ist ein großer Irrtum, zu glauben, daß unser Leben dadurch erleichtert würde. Was eine Analyse bewirkt, das ist, daß der Mensch sich seines *gesamten* Charakters um vieles bewußter und (potentiell) in die Lage versetzt wird, die Verantwortung für alle seine Handlungen zu übernehmen. Das Zurückholen verdrängter Erinnerungen und Absichten soll Geschehnisse verhindern, die das Individuum nicht kontrollieren kann; gleichzeitig stellt man dieses damit jedoch vor die schwierige Aufgabe, mit den zurückgewonnenen Erinnerungen und Neigungen ins reine zu kommen.

Entwertung

Verdrängung ist ein Weg, um Konflikte zu vermeiden, aber es gibt auch noch andere Möglichkeiten; man kann sie unter dem Begriff »Entwertung« zusammenfassen. Wir können z. B. einen inneren Konflikt umgehen, dadurch, daß wir uns weigern, diesem oder jenem strittigen Element seine volle Bedeutung zuzuerkennen. Erreicht wird eine derartige »Entwertung« durch Verdrängung der »Gefühlskomponente« und der psychischen Energie des Elementes. Es ist also durchaus möglich, daß Menschen einzelne Elemente ihres Charakters entwerten, ohne die Elemente selbst zu verdrängen – was eine nicht unwichtige Tatsache zu sein scheint. Leider wurde diesem Punkt in der Psychologie bisher nicht die Aufmerksamkeit geschenkt, die er eigentlich verdient. Über Verdrängung dagegen wurde sehr viel geschrieben – und es ist klar, daß Entwertung zu einem sehr ähnlichen Ergebnis führt, nur eben auf einem anderen Weg.

Verdrängen wir etwas, dann wissen wir gar nichts mehr davon; wird eine Neigung, die einem unserer bewußten Ziele entgegenläuft, verdrängt, so ist dieses Problem schlicht aus der Welt geschafft. Andererseits kann man ein Problem auch loswerden, indem man die einem widerstrebende Neigung entwertet; dennoch wird ihre Existenz einem weiterhin bewußt bleiben. Ein Beispiel aus dem sexuellen Bereich soll dies verdeutlichen: Die meisten Leute wissen inzwischen darüber Bescheid, weshalb ein Mensch mit strengen, puritanischen Ansichten über Sex andere gern der sexuellen Unmoral verdächtigt und die ungewöhnlichsten Schritte unternimmt, um das zu beweisen. Hierbei handelt es sich um ein klassisches Beispiel von Verdrängung; eine solche Person hat aus tiefster Überzeugung derart festgefahrene Ansichten über die Schlechtigkeit und Verderbtheit des Sexuellen, daß sie sich unmöglich eingestehen kann, selbst sexuelle Instinkte und Neigungen zu besitzen – weshalb diese eben verdrängt werden. Da die sexuellen Neigungen nun nicht mehr auf natürlichem Weg als sexuelle Begierde zum Ausdruck kommen können, stören sie das Bewußtsein jetzt sozusagen auf Umwegen, d. h. indem sie ein übertriebenes Interesse für das Sexualverhalten anderer hervorrufen. Eine andere Person mit ähnlich strengen Ansichten in puncto Unsittlichkeit löst das Problem möglicherweise ganz anders. Sie ist vielleicht durchaus bereit zuzugeben, daß sie sexuelle Neigungen und Wünsche hat, die über eine eheliche Beziehung hinausgehen; aber diese Tatsache, so findet sie, bereitet ihr keinerlei ernsthafte Schwierigkeiten. So ein Mensch hat seine sexuellen Instinkte nicht verdrängt, denn er ist sich ihrer nach wie vor bewußt; nur ist es ihm gelungen, die Probleme, die dadurch entstehen könnten, zu umgehen, indem er diesen Neigungen ihre psychische Kraft, d. h. psychische Energie genommen hat. Dies geschieht aber ebensowenig bewußt oder überlegt wie das Verdrängen; wie Verdrängung, ist auch Entwertung etwas, das geschieht.

Einem weiteren Beispiel für Entwertung begegnen wir im Bereich des religiösen Glaubens. Der religiöse Fanatiker hat ganz eindeutig seine Zweifel verdrängt, ebenso wie viele »einfache Gläubige«. Es gibt aber auch Leute, die nicht leugnen, daß ihr Glaube auf allem anderen, nur nicht auf sicherem Wissen beruht, und die durchaus echte Zweifel eingestehen, ohne daß diese jedoch zu einem echten Problem für sie würden. Entwertung scheint in vieler Hinsicht eine positive Sache zu sein; sie dient dem gleichen Hauptzweck wie die Verdrängung, bringt aber nicht deren offenkundige Gefahren mit sich. Freilich bedeutet auch sie einen schwerwiegenden Verlust. Denn wenn man Instinkte besitzt oder Zweifel, so ist dies ein echtes und wichtiges Merkmal von einem selbst, ein Merkmal, das tatsächlich zu Spannung und einem wirklichen Konflikt führen muß. Entwertet man nun diese Dinge, so umgeht man zwar die Spannung, verliert aber eben auch die Energie, die mit dem Entwerteten verbunden war. Diese Entwertung von Dingen in der Psyche ist etwas, das die meisten Menschen an sich selbst erforschen können, zumal sie ganz offensichtlich ein sehr wichtiger Faktor im Leben vieler Leute ist.

Rationalisierung

Ist etwas verdrängt, so beeinflußt es dennoch das bewußte Leben. Verdrängte Elemente sind unbewußt, kommen aber trotzdem in den merkwürdigen Verhaltensweisen zum Ausdruck, von denen wir bereits gesprochen haben. Es mag eigenartig erscheinen, daß sich all das abspielt, ohne daß sich der Mensch bewußt wird, wie sehr sein Leben von Dingen beeinflußt wird, von denen er nichts weiß. Aber zweifelsohne geschieht dies, und mitunter legen Menschen eine wahrhaft außergewöhnliche Fähigkeit an den Tag, merkwürdige Dinge, die für andere ganz offensichtlich sind, selbst zu ignorieren. In gewissem Sinn ist alles das Bestandteil der Verdrängung, denn Zweck der Verdrängung ist es ja schließlich, Dinge vor der bewußten Erkenntnis zu verbergen. Zwei ganz einfache Mittel, um merkwürdige Verhaltensweisen vor uns selbst zu verstecken, sind weitere Verdrängung und Entwertung: Durch Verdrängung verbannen wir den merkwürdigen Zwischenfall schlicht aus unserem Geist, und durch Entwertung weigern wir uns, zuzugeben, daß er irgendeine echte Bedeutung haben könnte. Nehmen wir beispielsweise an, wir mögen irgend jemanden nicht, gestehen uns das selbst aber nicht ein (d. h. wir verdrängen unsere Abneigung). Eines Tages nun äußert sich dieser Widerwille darin, daß wir einen Brief an diese Person einzuwerfen vergessen. Es ist dann ein leichtes, dieses Versehen aus dem Gedächtnis zu streichen, selbst, nachdem wir den Brief gefunden und schließlich doch noch eingeworfen haben. Das merkwürdige Verhalten wird durch weitere Verdrängung verborgen. Handelt es sich bei dem merkwürdigen Verhalten um Versprecher oder eigenartige Absichten, so können wir uns ohne Schwierigkeiten einreden, daß diese keinerlei Bedeutung oder Signifikanz besäßen – d. h. wir können sie durch Entwertung verbergen. Der gängigste Weg jedoch, merkwürdige Verhaltensweisen vor uns selbst zu verheimlichen, ist die »Rationalisierung«, d. h. wir reden uns ein, unser Verhalten sei in Wirklichkeit überhaupt nicht merkwürdig.

Eine ältere Frau geht zusammen mit einer Gruppe jüngerer Leute einen ziemlich steilen Weg hinauf. Dabei will sie nicht nur zeigen, daß ihr das Steigen keine besondere Mühe macht, sondern sie ist auch selbst fest davon überzeugt, daß sie genau wie die anderen hinaufsteigen kann und nicht öfters als diese verschnaufen muß. Nach einiger Zeit jedoch bleibt sie stehen, dreht sich um und schaut zurück. Warum hat sie angehalten? Für die Zuschauer ist es augenfällig, daß sie stehengeblieben ist, um zu verschnaufen. Würde sie selbst das jedoch auch denken, dann hätte sie Schwierigkeiten, diesen Tatbestand mit ihrer Überzeugung in Einklang zu bringen, daß sie den Aufstieg genauso gut meistern kann wie die anderen. Darum weiß *sie* ganz genau, daß sie angehalten hat, um die Aussicht zu bewundern, die an dieser Stelle besonders schön ist. Das ist Rationalisierung – und genau wie Verdrängung und Entwertung ist sie etwas, das geschieht, also nicht bewußt von uns getan wird. Die ältere Dame mußte sich nicht eine Ausrede einfallen lassen, um stehenzubleiben, sondern sie sagte sich tatsächlich: »Hier mußtest du dir unbedingt einmal die Aussicht anschauen«, und sie war auch fest davon überzeugt, daß dies der Grund für ihr Anhalten war. In ihren Augen war absolut nichts Merkwürdiges an diesem Vorgang, nichts, das sie auf die Idee gebracht hätte, es sei ein Irrtum, wenn sie sich imstande glaubte, den Berg wie jeder andere bewältigen zu können.

Eine andere Frau war zu übertriebener Zurückhaltung und Scham erzogen worden, vor allem was das Nackt-gesehen-Werden betraf. Später hatte sie dann – so glaubte sie wenigstens – diese Meinung revidiert und erkannt, daß es Situationen gab, in denen solche Scham unangebracht war. Wenn jedoch ihr Mann und sie sich bei brennendem Licht liebten, dann störte sie dieses Licht immer auf irgendeine Art und Weise; es schien ihr in die Augen, war überhaupt zu hell oder sonst dergleichen – jedenfalls mußte es immer ausgemacht werden. Da die junge Frau aber frei und offen sein wollte, d. h. auch bei Licht lieben wollte, war das Löschen des Lichts ein merkwürdiger Wunsch, der nicht mit ihrer bewußten Absicht übereinstimmte. Allerdings erschien er ihr gar nicht als solcher, weil sie stets eine Erklärung dafür bereit hatte, die nichts mit ihrem verdrängten übertriebenen Schamgefühl zu tun hatte. An dieser Stelle sollte vielleicht angemerkt werden, daß an der Wahl selbst, sich bei Licht oder lieber im Dunkeln zu lieben, an sich nichts Merkwürdiges ist; merkwürdig wird es erst, wenn man das eine beabsichtigt und das andere tut. Bei den meisten Beispielen von Rationalisierung ist der Grund, den wir finden, um das merkwürdige Verhalten zu erklären, durchaus plausibel; aber ganz gleich ob er es ist oder nicht, wir werden dadurch getäuscht. Manchmal werden sogar auch noch andere Leute hinters

Licht geführt; meistens jedoch ist für Außenstehende klar, daß der Grund, den wir anführen, nicht der richtige ist.

Aus der Sicht des Beobachters ist die Nennung einer Vielzahl von verschiedenen Gründen für ein und dasselbe Verhalten ein sehr häufig beobachtbares Merkmal von Rationalisierung. Angenommen, wir bemerken, daß jemand die Straße immer an einer bestimmten Stelle überquert, obwohl das ausgerechnet dort sehr umständlich ist. Fragen wir nach dem Grund hierfür und erhalten zur Antwort, daß derjenige einen Brief in den Briefkasten auf der anderen Straßenseite einwerfen wollte, so akzeptieren wir diese Antwort. Sagt die gleiche Person jedoch an einem anderen Tag »Laß uns über die Straße gehen, dort drüben ist es sonniger«, am nächsten vielleicht »Ich möchte gern über die Straße gehen, um zu sehen, wie weit die Blumen in Mister Browns Garten sind« und wieder ein anderes Mal »Dort kommt Herr Grün, laß uns die Straße überqueren, denn ich habe keine Lust, meine Zeit mit ihm zu verschwenden« – in solch einem Fall beginnen wir zu vermuten, daß doch etwas Merkwürdiges an dieser Sache sein könnte. Und bei weiterer Überlegung fällt uns vielleicht ein, daß man, sofern man an dieser Stelle nicht über die Straße geht, an einem Garten vorbeikommt, wo ein großer Hund jeden Passanten anbellt. – Oder jemand gibt für etwas ein Motiv an, das durchaus berechtigt klingt; macht man ihm aber klar, daß diese Begründung in Wirklichkeit doch nicht so gut ist, so hat er für die gleiche Sache sofort eine vollkommen andere Erklärung bereit; widerlegt man auch diese, so bringt er eine dritte an – und so geht es immer weiter.

Der Grund für diese Vielfalt von Erklärungen ist folgender: Wenn wir rationalisieren, sind wir nicht imstande, den tatsächlichen Grund für unsere Handlung oder Einstellung zu nennen, da er unbewußt ist. Solange wir aber nicht den echten Grund angeben, solange ist es eigentlich ziemlich egal, welchen anderen wir vorschieben, denn jeder ist so gut (oder so schlecht) wie der andere, und irgendwo macht es sogar Spaß, einen nach dem anderen auszuprobieren. Alles andere ist letztlich besser, als den wahren Grund zu entdecken! Rationalisierung ist praktisch ein regelrechtes Täuschungsmanöver, wie wenn wir uns bemühen, jemanden anderen davon abzuhalten, unser tatsächliches Motiv herauszufinden. Der Unterschied liegt nur darin, daß wir selbst es sind, die getäuscht werden – obwohl *wir* ja eigentlich überhaupt niemanden täuschen, auch nicht uns selbst, sind wir dennoch die getäuschten. Wir glauben tatsächlich, daß die Gründe, die wir angeben, die richtigen sind, und bewerkstelligen es so, von der Tatsache, daß merkwürdige Dinge geschehen, keinerlei Notiz zu nehmen.

Projektion

Auch Projektion ist ein Mittel, mit dessen Hilfe wir die unbewußten Ursachen merkwürdiger Verhaltensweisen vor uns selbst verbergen. Wenn wir merkwürdiges Verhalten rationalisieren, dann sind wir zwar imstande zuzugeben, daß wir dafür verantwortlich sind; können aber gleichzeitig seine wahren Ursachen verheimlichen. Projektion nun bedeutet, daß wir zwar den unbewußten Grund des merkwürdigen Verhaltens gewahr werden, jedoch die Tatsache verbergen, daß dieser in uns selbst liegt. Ein Beispiel: Ein Mann, der sich als gutmütig und tolerant einschätzt, hat einen verdrängten und unbewußten Haß auf jemanden. Flammt ein Streit zwischen ihm und diesem anderen auf, so ist das ein merkwürdiges Verhalten und der Mann kann jetzt den Vorgang entweder rationalisieren oder seinen unbewußten Haß projizieren. Rationalisiert er das Geschehen, dann wird er zugeben, daß er den Streit vom Zaun gebrochen hat, als Grund hierfür jedoch einen harten Arbeitstag oder sonst etwas angeben, das nichts mit seinem Gegenüber zu tun hat. D. h. er übernimmt zwar die Verantwortung, verbirgt aber den unbewußten Grund. Projiziert er seinen Haß, dann wird er darauf bestehen, daß der andere den Streit begonnen hat, und zwar deshalb, weil dieser ihn nicht mag. Der Mann mit dem unbewußten Haß glaubt, daß der Haß von seinem Gegenüber ausgeht.

Der prüde Mensch, der bei anderen Unmoral sucht und findet, projiziert ebenfalls. Er oder sie leugnet die Stärke des eigenen Hangs zu sexueller Unmoral, geht jedoch von der Annahme aus, daß andere (vor allem junge) Leute von ihren sexuellen Instinkten besessen seien. Er oder sie sieht in anderen, was er oder sie bei sich selbst nicht wahrhaben will. Eine etwas kompliziertere Form von Projektion findet statt, wenn sich Menschen verlieben und die Person, in die sie verliebt sind, durch eine rosarote Brille sehen. Was dabei geschieht, ist folgendes: Im Geist des jungen Mannes (bzw. der jungen Frau) existiert eine idealisierte Vorstellung von dem, wie eine Frau (bzw. ein Mann) sein sollte. Und eben diese Vorstellung wird nun auf den gegenwärtigen Partner projiziert. Man sieht den anderen nicht, wie er wirklich ist, sondern als Verkörperung des eigenen Ideals. Solch eine Projektion macht es völlig unmöglich, zu erkennen, wie der andere tatsächlich ist, und sie ist sehr oft auch für denjenigen, auf den projiziert wird, alles andere als schön. Im Fall der Verliebten wird nicht so sehr eine unbewußte Neigung projiziert, als vielmehr eine komplizierte Vorstellung, derer man sich nicht voll bewußt ist. Wenn wir projizieren, dann werden uns zwar Dinge bewußt, die in unserem eigenen Unbewußten liegen, nur werden wir ihrer eben am falschen Platz gewahr. Es ist eigentlich ganz ähnlich wie bei einem Projektor, der ein Bild auf eine Leinwand wirft, die in einiger Entfernung steht – der Mensch oder das Ding, worauf wir unbewußte Elemente projizieren, wird sozusagen als Leinwand benutzt.

Oder wir stellen uns die andere Person vielleicht lieber als eine Art Spiegel vor:

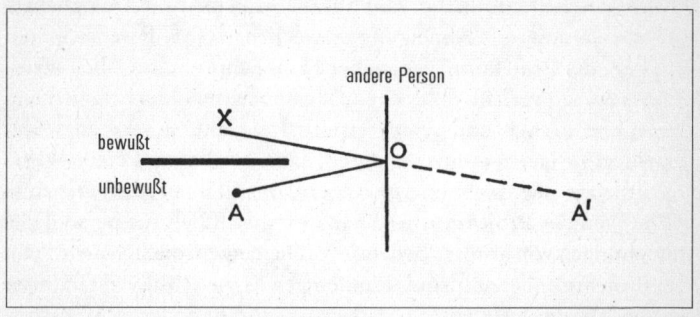

Unsere unbewußte Einstellung A ist uns unbekannt, und wir haben auch keinen direkten Zugang zu ihr; sie kann jedoch bis zu unserem bewußten Geist vordringen, wenn sie von der anderen Person widergespiegelt wird – AOX. Die Einstellung A wird uns bewußt, aber wir nehmen an, daß sie ihren Ursprung im anderen hat – A'. Die Folge davon ist, daß wir wichtige Aspekte des Verhaltens des anderen so interpretieren, als würden sie durch eine Einstellung A hervorgerufen. Wenn so etwas geschieht, dann müssen wir uns – wie sich zeigen wird – nicht notwendigerweise immer täuschen; denn der andere kann durchaus aus den Beweggründen gehandelt haben, die wir vermuten. Doch von »Projektion« sprechen wir im allgemeinen nur dann, wenn ein Mensch falsch beurteilt wird – teilweise schon deshalb, weil Projektion überhaupt nur unter dieser Voraussetzung erkannt werden kann.

Projektion veranlaßt uns dazu, falsche Urteile über die Herkunft merkwürdigen Verhaltens zu fällen sowie über den Charakter von Menschen und Gegenständen, mit denen wir zu tun haben. Aber man sollte nicht glauben, daß Projektion nur damit zu tun hat, was wir über andere Menschen denken. Projektion kann nämlich auch bemerkenswert starke Auswirkungen auf den Menschen haben, auf den projiziert wird. In diesem Zusammenhang sollte man sich als erstes darüber im klaren sein, daß wir nur selten etwas grundlos auf eine andere Person projizieren. Hat beispielsweise Hans Schmitt einen unbewußten Haß auf Peter Braun, dann wird er trotzdem kaum zu einer Projektion dieses Hasses neigen (d. h. glauben, daß Peter Braun ihn haßt), wenn Peter Braun ihm gegenüber nicht die geringste (bewußte oder unbewußte) Abneigung empfindet. Der Akt der Projektion zielt nämlich darauf ab, die in Peter Braun möglicherweise schlummernde Abneigung zu wecken, so daß dieser sich nun, als Folge der Projektion, gegenüber Hans Schmitt tatsächlich weniger freundlich verhält, als er es sonst getan hätte. Oder: Hat jemand die eigene strenge und schulmeisterhafte Haltung verdrängt und projiziert sie jetzt auf einen anderen, dann wird diese Person wahrscheinlich in einem schulmeisterlichen Ton mit ihm reden. Die Auswirkungen der Projektion sind ganz offensichtlich für persönliche Beziehungen von größter Bedeutung. Diejenigen, die sich der Macht der Projektion bewußt sind, können gewiß viele Mißverständnisse vermeiden, denn sie wissen, daß Projektion in anderen Menschen Eigenschaften in den Vordergrund treten läßt, die normalerweise eine völlig untergeordnete Rolle spielen würden. Wenn man jemanden z. B. ungerecht behandelt hat, sich aber weigert, das zuzugeben, also in dem anderen ein Gefühl des Schlecht-behandelt-worden-Seins hineinprojiziert, dann verhält sich dieser Mensch womöglich entsprechend. Kann man sich dagegen überwinden, die Wahrheit einzugestehen, dann findet keine Projektion statt, und die schlecht behandelte Person wird wahrscheinlich mit sehr viel mehr Verständnis reagieren (sofern sie überhaupt eine verständnisvolle Person ist).

Komplexe

Psychische Elemente existieren nie isoliert, weder im Bewußtsein noch im Unbewußten. Z. B. haben wir äußerst selten einem anderen Menschen gegenüber nur eine einzige Einstellung. Vielmehr finden wir den einen bewundernswert, aber langweilig, den anderen faszinierend und müssen doch gleichzeitig sein Verhalten mißbilligen usw. Auch unserer Arbeit gegenüber können wir eine komplexe Haltung einnehmen: Sie mag ein notwendiges Übel sein, ein interessanter Job, harte Arbeit, eine Zuflucht vor häuslichen Spannungen – und sie kann auch alles das gleichzeitig sein. Auch Verliebtsein, Freundschaft, Rivalität und viele andere zwischenmenschliche Beziehungen sind äußerst kompliziert und bestehen aus einer ganzen Reihe von Elementen, die zu einem Ganzen zusammengefügt sind. Diese Verknüpfung psychischer Elemente erklärt auch die Tatsache, daß es uns beispielsweise schwerfällt, jemanden, den wir lieben, zu tadeln, oder jemanden, dessen Verhalten wir verurteilen, gern zu haben – obwohl vielleicht der Mensch, den wir sehr gern haben, tatsächlich Dinge tut, die wir normalerweise mißbilligen würden, und andrerseits die Person, die wir verurteilen, vielleicht sehr liebenswert ist.

Das Bewußtsein selbst ist in Wirklichkeit ein riesiger Komplex, und unser bewußter Charakter besteht aus einer großen Anzahl von Einzelelementen, von denen viele noch in Nebenkomplexen zusammengefaßt sind. Je beständiger ein Mensch ist, desto enger sind die Elemente, die sein Bewußtsein formen, miteinander verknüpft. Je loser diese Verknüpfung ist, desto wahrscheinlicher verhält sich der Mensch oft widersprüchlich. Es gibt viele Leute, deren bewußter Charakter aus zwei Komplexen zu bestehen scheint, die wenig Beziehung miteinander haben. Von einem solchen Menschen sagt man vielleicht, er ist »am Arbeitsplatz ein vollkommen anderer als daheim«, oder er ist »wie ausgewechselt, wenn er mit alten Freunden zusammen ist«. Im großen und ganzen empfinden wir die Gruppierung von Elementen im Bewußtsein als »vernünftig« und normalerweise werden Komplexe aus guten Gründen gebildet; aber selbst im Bewußtsein führen solche Komplexe oft leicht zu einem Fehlurteil. Wenn z. B. jemandem früher einmal von einem Mann, der einen Bart trug, besonders übel mitgespielt wurde, dann verbindet dieser Mensch möglicherweise die Vorstellung von einer nicht vertrauens-würdigen Person mit der Vorstellung eines Bartes und neigt deshalb dazu, alle Männer mit Bart als verdächtig anzusehen. Freilich ist so etwas normalerweise nur eine Tendenz, die im Einzelfall schnell korrigiert wird, aber bestimmte solche Komplexe haben schon ein weltweites Chaos angerichtet, z. B. der Komplex, der mit den Juden im christlichen Europa verbunden ist (und der in der Verdammung der Juden wurzelt, weil sie Christus gekreuzigt haben) oder die komplexe Haltung weißer Rassen gegenüber schwarzhäutigen, die mit dem Gegensatz zwischen Licht und Dunkelheit verbunden ist.

Wenn schon die Komplexe des Bewußtseins manchmal jenseits aller Vernunft liegen, dann braucht es einen nicht zu überraschen, daß Komplexe im Unbewußten überwiegend unvernünftig sind. Es scheint so, als ob psychische Elemente den Drang hätten, sich mit-einander zu verbinden; sind sie unbewußt, dann kann eine Ver-knüpfung aufgrund völlig belangloser Ursachen stattfinden. Unbe-wußte Zusammenschlüsse zwischen psychischen Elementen beruhen möglicherweise auf Ähnlichkeiten im Klang oder in der Er-scheinung, auf der Tatsache, daß zwei Dinge zur selben Zeit gescha-hen, auf einem Wortspiel usw. Werden Elemente auf diese Weise zu Gruppen zusammengeschlossen, dann wird die Einstellung und Energie des einen mit dem anderen geteilt; und solange das ganze unbewußt ist, können wir wenig tun, um dies zu überwinden. Hat eine Person z. B. die Tatsache verdrängt, daß ihr ein Mann mit Bart einmal großen Schaden zugefügt hat, dann fehlt ihr einfach jede Möglichkeit, herauszufinden, warum sie mit Männern mit Bart nicht zurechtkommt. Auch die Erwartung, daß sich Leute mit einem bestimmten Namen diesem entsprechend verhalten werden, beruht zum Großteil auf unbewußten Komplexen, die aufgrund früherer Erfahrungen mit Menschen gleichen Namens (sowohl im tatsächli-chen Leben als auch in der Literatur oder im Kino) entstanden sind.

Die Tendenz unbewußter Elemente, Komplexe zu bilden, bedeu-tet, daß eine Sache, die verdrängt wird, mit anderen Dingen, die be-reits im Unbewußten liegen, verknüpft wird und dadurch sowohl das neu verdrängte Element als auch dasjenige, mit dem es verbunden wird, beeinflußt wird. Angenommen, ein relativ unbedeutendes Vergehen wird verdrängt, dann besteht die Möglichkeit, daß es im Unbewußten mit weitaus gefährlicheren Tendenzen zum Bösen verbunden wird und uns nun auf viel verheerendere Weise beeinflußt, als es es sonst getan hätte. Oder, wenn wir etwas als böse verdrängen, so wird es unter Umständen mit einem Element verknüpft, das gerade im Begriff war, aus dem Unbewußten ins Bewußtsein aufzusteigen; geschieht diese Verknüpfung, dann zieht das soeben verdrängte böse Element wahrscheinlich das andere wieder mit nach unten und verhindert somit dessen Bewußtwerdung. Beispiel: Jemand, der eine unglückliche Liebesgeschichte hinter sich hat, verdrängt deren schlimmste Aspekte; diese jedoch werden mit einer späteren Tendenz, sich in jemand anderen zu verlieben, verknüpft und machen dadurch letzteres unmöglich. In späteren Kapiteln wird noch mehr über Komplexe zu sagen sein.

Zusammenfassung

Die hauptsächlichen psychischen Aktivitäten, die in diesem Kapitel behandelt wurden, sind:

Verdrängung – das völlige Unvermögen, sich an bestimmte Ereignisse der Vergangenheit zu erinnern, und die vollständige Unwissenheit darüber, daß wir bestimmte Charakterzüge besitzen.
Entwertung – die wirksame Neutralisation mancher Züge unseres Charakters durch Entzug der psychischen Energie.
Rationalisierung – die Überzeugung, zu wissen, warum man etwas getan hat, während der wahre Grund in Wirklichkeit ein völlig anderer ist.
Projektion – anderen Menschen unsere unbewußten Neigungen zuschreiben.

Alle diese Dinge, das sollte man auf keinen Fall vergessen, sind Dinge, die geschehen, d. h. die wir nicht willentlich tun. Wir sind nicht imstande, eine Sache vorsätzlich zu verdrängen. Denn um das tun zu können, müßten wir sie kennen. Wissen wir jedoch von einer Sache, dann ist sie eben nicht verdrängt. Wenn etwas wirklich verdrängt ist, dann ist es uns schlicht unbekannt.

Um etwas vorsätzlich zu entwerten, müßten wir uns seiner Kraft und Stärke bewußt sein; aber wenn etwas entwertet ist, dann erkennen wir ja gerade nicht, daß es ein wichtiger Wesenszug von uns ist.

Projizieren wir, dann haben wir keine Ahnung von unserem Tun, sondern glauben tatsächlich, daß der andere Mensch für alles, was vorgeht, verantwortlich ist.

Es sieht so aus, als seien wir doch irgendwie verantwortlich für alle diese Dinge; allerdings nicht in der Weise, in der wir für unsere bewußten Entscheidungen und Beschlüsse verantwortlich sind, weil diese Dinge ja einfach geschehen. Das äußerste, was darüber gesagt werden kann, ist: Wenn sie uns passieren, dann deshalb, weil wir die Menschen sind, die wir sind. Ein gewisser Trost mag vielleicht die Tatsache sein, daß sie wirklich jedem passieren!

5. Das kollektive Unbewußte

Die Teile der Psyche

Alle Psychotherapeuten stimmen in der Auffassung überein, daß die Psyche aus Bewußtsein und Unbewußtem besteht. Und auch über das, was im Bewußtsein vorhanden ist, können keine allzu großen Meinungsverschiedenheiten bestehen, einfach weil dies jedem, der ein wenig Introspektion betreibt, bekannt ist. Wie man allerdings den Rest der Psyche zu betrachten hat, darüber gehen die Ansichten der verschiedenen psychotherapeutischen Schulen weit auseinander. Wie wir bereits gesehen haben, sprechen Freudianer von Es, Unbewußtem, Ich und Überich; und das ist eine Möglichkeit, die Gesamtheit der Psyche in Gruppen aufzuteilen. Im vorliegenden Kapitel werden wir nun das Jungsche Bild von der Psyche beschreiben. Nach C. G. Jung sind die wichtigsten Gruppierungen psychischer Inhalte: Bewußtsein, das persönliche Unbewußte und das kollektive Unbewußte. Diese Art der Einteilung der Psyche hat Jung selbst eingeführt, und sie stellt eines der wichtigsten Unterscheidungsmerkmale seiner Lehre dar. Die Idee des persönlichen Unbewußten ist dabei leichter zu verstehen als die des kollektiven Unbewußten.

Das persönliche Unbewußte Die im vorausgegangenen Kapitel gegebene Darstellung dessen, was man als die »oberste Schicht« des Unbewußten bezeichnen könnte, würde wahrscheinlich von der Mehrzahl der Psychotherapeuten gebilligt werden. Man ist sich im allgemeinen darüber einig, daß sich im Unbewußten Dinge befinden, die sozusagen aus dem Bewußtsein »herausgefallen« sind: Erinnerungen, die wir vergessen haben; Dinge, die wir gesehen oder gehört haben, ohne sie wirklich richtig wahrzunehmen; Gewohnheiten und Neigungen der einen oder anderen Art. Man ist sich ferner einig, daß dort Dinge ruhen, die verdrängt wurden, und daß diese Dinge die Tendenz besitzen, sich miteinander zu verbinden und unbewußte Komplexe zu bilden. Schon weniger Übereinstimmung herrscht in Bezug auf eine weitere Gruppe von Dingen, die nach Jungs Ansicht ebenfalls zu der obersten Schicht des Unbewußten gehört; es sind dies die Dinge, die bisher noch nie bewußt waren, die jetzt jedoch auf dem Weg sind, bewußt zu werden.

Die Idee, daß es Dinge gibt, die sich aus der Tiefe des Unbewußten langsam ihren Weg hinauf ins Bewußtsein bahnen, mutet auf den ersten Blick vielleicht etwas seltsam an, aber sie stimmt durchaus mit unserer täglichen Erfahrung überein. Jeder, der schon einmal etwas mit der persönlichen Entwicklung eines anderen Menschen zu tun gehabt hat (sei es als Psychotherapeut, Priester oder Lehrer etc.), mußte sehr bald erkennen, daß es nicht genügt, einem Menschen etwas zu sagen; vielmehr muß dieser auch bereit sein, das Neue aufzunehmen und zu akzeptieren – erst dann kann es ihm etwas bedeuten. Es ist eine nahezu alltägliche (und doch immer wieder überraschende) Erfahrung, daß jemand, dem man über Wochen, Monate oder sogar Jahre hinweg etwas zu erklären versucht hat, dann plötzlich eben genau das in einem Ton höchsten Erstaunens von sich gibt wie eine neue Wahrheit, die er soeben entdeckt hat. Das gleiche gilt für die Kindererziehung. Man kann einem Kind immer nur ganz bestimmte Dinge beibringen; versucht man, es etwas zu lehren, wofür es noch nicht reif ist, dann nimmt es diese Dinge einfach nicht auf. Andrerseits ist es aber auch sehr schade, wenn ein Kind die Dinge, die es lernen könnte, nicht beigebracht bekommt. »Unterhalb« unseres bewußten Geistes findet also eine ständige Entwicklung statt, und Ideen und Einstellungen bereiten sich über lange Zeit hinweg im Unbewußten vor, bevor sie dann tatsächlich ins Bewußtsein vorstoßen. Nach Ansicht von Jung befinden sich solche unbewußten psychischen Elemente auch in der »obersten Schicht« des Unbewußten und neigen dazu, mit den andeen Elementen dieser Schicht Komplexe zu bilden. Aus diesem Grund kann Verdrängung oft eine Weiterentwicklung verhindern, wenn nämlich etwas, das »auf dem Weg nach oben« ist, mit einer Sache, die verdrängt wurde, in ein und demselben Komplex gebunden wird.

Es ist klar, daß die Dinge in der obersten Schicht des Unbewußten in engem Zusammenhang mit der bewußten Persönlichkeit eines Menschen stehen. Wir verdrängen ja nicht alles Unangenehme, sondern nur die Dinge, die eine ganz besondere Gefahr für uns darstellen. Ein Mensch, der sich vorgenommen hat, einen sehr strengen

Moralkodex einzuhalten, wird wahrscheinlich die Neigungen in sich verdrängen, die diesem Kodex widersprechen. Der Wüstling dagegen wird die moralischen Tendenzen verdrängen, die seinem Treiben entgegenstehen. Der Mann, der sich seiner Vernunft rühmt, verdrängt seine irrationalen Anlagen. Wer ein starker Mann sein will, der verdrängt schwache Charakterzüge. Die verdrängten Elemente werden deshalb verdrängt, weil sie zu den bewußten Elementen in einer ganz bestimmten Beziehung stehen, und zwar normalerweise in Opposition. Deshalb kann man sagen, daß die oberste Schicht des Unbewußten bei jeder einzelnen Person größtenteils deshalb so ist, wie sie ist, weil eben dieser Mensch der (bewußte) Mensch ist, der er ist. Mit anderen Worten, die oberste Schicht des Unbewußten hängt eng mit den persönlichen Charakterzügen des jeweiligen Individuums zusammen; deshalb nennt Jung sie das »persönliche Unbewußte«. Ihr Inhalt und die Art der Gruppierung ihrer Elemente sind bei jedem Individuum verschieden.

Erscheinungformen des kollektiven Unbewußten Wir haben eine Betrachtungsweise vorgeschlagen, nach der psychische Elemente durch das Unbewußte hindurch aufsteigen, bis sie schießlich in das Bewußtsein eintreten. Bei diesem Denkmodell stellt sich natürlich die Frage, wo diese Elemente herkommen; und die Antwort darauf muß lauten: aus irgendeiner tieferen Schicht des Unbewußten. Hierbei sollte man jedoch nicht vergessen, daß es sich, wenn wir von »Schichten« innerhalb des Unbewußten sprechen, dabei lediglich um ein von uns gebrauchtes Bild handelt – wissen wir doch rein gar nichts über die tatsächliche Beschaffenheit des Unbewußten. Wir haben nur die Möglichkeit, in Bildern und Modellen zu denken, die uns helfen, über das zu sprechen, was vor sich geht. Wir können von der Vorstellung einer »tieferen Schicht« des Unbewußten ausgehen und diese tiefere Schicht das »kollektive Unbewußte« nennen; in Wirklichkeit jedoch befassen wir uns mit den Dingen in unserem Leben, die wir als Erscheinungsformen des kollektiven Unbewußten ansehen.

Die Elemente des kollektiven Unbewußten offenbaren sich in der gleichen Weise wie andere unbewußte Elemente, d. h., dadurch daß sie Ideen, Einstellungen und Verhalten verursachen, die nicht in das normale Leben der betreffenden Person passen. Aber die Manifestationen des kollektiven Unbewußten sind verschieden von denen des persönlichen Unbewußten. Erscheinungsformen des kollektiven Unbewußten sind in gewisser Hinsicht merkwürdiger als die Auswirkungen anderer unbewußter Elemente und haben oft etwas Übertriebenes und Überzogenes an sich. Weil sie seltsamer sind, wird ihnen in der bewußten Psyche entsprechend mehr Widerstand entgegengebracht, so daß sie viel seltener im normalen täglichen Leben auftauchen als die Auswirkungen anderer unbewußter Dinge. Sie zeigen sich nur, wenn der Mensch entspannt und im Traum nicht auf der Hut ist, auch in Tagträumen, wenn ganz besondere Umstände herrschen, oder bei ernsten Fällen von Geistesgestörtheit.

Manifestationen des kollektiven Unbewußten haben die Tendenz, »über das Leben hinauszugehen«. Es mag vielleicht merkwürdig erscheinen, daß ein mittelmäßiger Bürojunge davon träumt, Abteilungsleiter zu werden, aber so lange das nicht viel mehr ist als ein Traum oder eine Träumerei, ist es keineswegs außergewöhnlich. Fantasien über Mögliches, aber Unwahrscheinliches sind etwas überaus Geläufiges, das praktisch jeder kennt. Auf der anderen Seite sind Tagträume, wie daß man die höchste Macht im gesamten Universum innehat oder Macht über Leben und Tod von Männern und Frauen besitzt, schon weniger normal und grenzen an Wahnsinn. Josephs Traum, der im Alten Testament beschrieben wird und in dem sich Sonne, Mond und Sterne vor ihm verneigen, »geht über das Leben hinaus« ebenso wie Träume oder Fantasien, in denen jemand nach irgendeinem undenkbaren Schatz oder nach neuen Erkenntnissen sucht, die alle Probleme der Welt lösen sollen. Wahrscheinlich tauchen derartige Dinge im Leben sehr vieler Menschen irgendwann einmal in der einen oder anderen Form auf; aber die meisten von uns sind imstande, die fantastischen Elemente darin zu entdecken und sich zu weigern, diese ernst zu nehmen. Psychotherapeuten hingegen treffen immer wieder auf Fälle, wo solche Ideen einen Menschen derart in ihrer Gewalt haben, daß dieser, obwohl er sich der Einfältigkeit seiner Gedanken durchaus bewußt ist, dennoch nicht von ihnen lassen kann oder sogar so sehr von ihnen besessen ist, daß er jeden Kontakt mit der Realität verliert.

Kennzeichnend für die Erscheinungsformen des kollektiven Unbewußten ist nicht nur, daß sie »über das Leben hinausgehen«, sondern auch, daß sie im Lauf der Geschichte der Menschheit offensichtlich immer wieder auftauchen. Es geschah überwiegend auf Anregung von C. G. Jung, daß Psychotherapeuten in alten Schriften und alten Religionssystemen nach Parallelen zu den Dingen suchten, mit denen sie heute in ihren Sprechzimmern konfrontiert werden. Und man hat dabei herausgefunden, daß die Mehrheit dieser Träume und Fantasien, die »über das Leben hinausgehen« und die dem Patienten das Gefühl vermitteln, eine bedeutende Persönlichkeit zu sein, Ideen und Bilder einschließen, die auch in der Mythologie und Religion zu finden sind. Man kann zwar nicht immer beweisen, daß der Patient vorher keinerlei Kenntnis der älteren Ideen besaß, aber bei einer Großzahl von Beispielen ist es zumindest sehr unwahrscheinlich. Im Ganzen gesehen legt das vorhandene Material die Auffassung nahe, daß die gleichen Ideen immer wieder unvermittelt in verschiedenen Menschen, zu verschiedenen Zeiten und an verschiedenen Orten auftauchen. Zu den bedeutendsten dieser Ideen gehört die vom Helden, der sich größten Gefahren aussetzt, um schließlich irgendeinen Schatz zu erobern, ferner die Idee der Schöpfung und die des absoluten Bösen, das Bild vom weisen Gefährten und Führer, der einen durch Gefahren und Schwierigkeiten geleitet, sowie das Bild einer großen Urmutter der Menschheit.

Am einfachsten kann man die Elemente des kollektiven Unbewußten in Träumen und Fantasien erkennen, denn diese werden am wenigsten von einem bewußten Sinn für die Grenzen realen Lebens überwacht. Wohl am deutlichsten treten sie jedoch, wie bereits erwähnt, bei Fällen von schwerer Psychose an den Tag. Ferner zeigen sie sich aber auch im Sprechzimmer, wo der Patient mitunter bewußt und wohlüberlegt sein kritisches, bewußtes Denkvermögen beiseiteschiebt. Auch müssen manche merkwürdigen Dinge, die im täglichen Leben ziemlich häufig vorkommen , als Manifestationen des kollektiven Unbewußten angesehen werden. Z. B. reagiert ein Elternteil, der seine Rolle übermäßig streng auslegt und seine Familie völlig beherrscht, auf einen Ungehorsam oder Widerspruch womöglich so, als handele es sich um eine Gotteslästerung; oder ein Mensch umwirbt seinen Lehrer so, als sei dieser unfehlbar und imstande, alle jemals anfallenden Probleme zu lösen; auch von einer Kirche, einer Partei oder einem -ismus glauben manche Leute, daß sie letztes Heil und wirkliche Sicherheit böten und eine Mißachtung der Anweisungen jemanden in höchste Gefahr brächten. Ebenso mag eine Frau ihrem Liebhaber als das schönste und wunderbarste Wesen erscheinen, das je existiert hat. In den Manifestationen des kollektiven Unbewußten ist stets ein gewisses Gefahrenmoment mit inbegriffen, was jedoch nicht heißen soll, daß sie im Leben eines Menschen nie eine eigene Rolle zu spielen haben. Die hier angeführten Beispiele sollten nichts weiter als Illustrationen sein; über den Wert solcher Manifestationen war keinerlei Urteil beabsichtigt.

Die Ideen, die diesen Manifestationen des kollektiven Unbewußten zugrunde liegen, haben stets eine mehr allgemeine, nicht so sehr persönliche Bedeutung, d. h. sie beziehen sich auf Dinge, die jedem passieren können, Dinge wie: eine Mutter haben, geboren werden, Wärme, Licht und lebensspendende Macht der Sonne, Tod. Bringt man diese allgemeine Bedeutung in Verbindung mit dem universellen Auftauchen der gleichen Bilder und Ideen, dann wird deutlich, warum Jung den Begriff »kollektiv« wählte, wobei offen bleibt, ob das die beste Bezeichnung ist. Jung spricht vom kollektiven Unbewußten auch als dem »objektiven Unbewußten« oder der »objektiven Psyche«, und er ist stets bemüht zu betonen, daß das kollektive Unbewußte nicht im Verlauf des persönlichen Lebens des einzelnen Menschens entsteht. Das kollektive Unbewußte ist nicht das Resultat des bewußten Charakters eines Individuums; der einzelne Mensch kann nicht sich selbst für den Charakter des kollektiven Unbewußten, das sich in seinem Leben manifestiert, verantwortlich machen.

Die Natur des menschlichen Geistes

Am besten stellt man sich die Beziehung zwischen kollektivem Unbewußten und bewußtem Geist so vor wie die zwischen der Struktur des menschlichen Körpers überhaupt und den individuellen Besonderheiten eines ganz bestimmten Körpers. Grundstruktur und -beschaffenheit des Körpers sind bei allen Menschen gleich, und die organischen Prozesse laufen bei allen nach dem gleichen Schema ab; und trotzdem sind nicht alle Körper gleich, manche Körperteile unterscheiden sich stärker von einem zum anderen Menschen als andere. Ähnlich kann man auch sagen, daß die grundlegende Natur der Psyche bei allen Männern und Frauen die gleiche ist und daß sich trotzdem jede individuelle Psyche von jeder anderen unterscheidet. Bewußtsein und persönliches Unbewußtes variieren sehr stark von Mensch zu Mensch, wohingegen das kollektive Unbewußte nur sehr wenig von individuellen Verschiedenheiten beeinflußt wird. Das bedeutet freilich nicht, daß die Auswirkung des kollektiven Unbewußten bei jedem Individuum genau die gleiche ist, ohne auch nur die geringste Abweichung, sondern es besagt lediglich, daß hier sehr viel mehr Gemeinsames in der Wirkung auf verschiedene Individuen vorhanden ist als bei anderen Elementen der Psyche. Im tiefsten Inneren eines jeden von uns kan man die gleichen Grundideen und -neigungen entdecken, ganz gleich wie sehr wir uns im bewußteren Teil unseres Geistes auch unterscheiden.

Jung bezeichnet den tieferen Teil der Psyche oft als »objektiv« und meint damit eine Reihe von Dingen: Erstens betrachtet er ihn deshalb als objektiv, weil er nicht vom subjektiven Leben des Individuums abhängig ist. Entscheidend für diesen Teil der Psyche ist, daß jeder einzelne ein menschliches Wesen ist, nicht daß er das eine oder andere Individuum ist. Zweitens ist Jung der Auffassung, daß das kollektive Unbewußte nicht vom bewußten Geist des einzelnen kontrolliert wird – es vielmehr unser Leben nach seinen eigenen Methoden beeinflußt, ohne bewußte Anweisung unsererseits; etwa so wie die inneren Organe unseres Körpers, z. B. Leber und Nieren, ihre Funktionen ohne jede Anweisung des Bewußtseins erfüllen und auch ohne daß das Bewußtsein davon Kenntnis hätte. Deshalb müssen wir uns auch vergegenwärtigen, daß wir uns selbst nicht für die Ideen und Bilder verantwortlich machen können, die als Folge der Aktivität des kollektiven Unbewußten auftreten. Der dritte Grund, warum man das kollektive Unbewußte als objektiv bezeichnen kann, ist der, daß es für jeden das gleiche ist und so gesehen mit der Außenwelt verglichen werden kann, in der unser Leben abläuft. Als bewußtes Individuum müssen wir uns unser Leben im Rahmen der Welt, in der wir leben, einrichten, und diese Welt ist auf entscheidende Weise für jeden die gleiche. Zwei Menschen, die an der gleichen Stelle stehen, müssen ein und dieselben Gebäude und Landschaftszüge berücksichtigen. In ganz ähnlicher Weise liefert das kollektive Unbewußte einen psychischen Hintergrund, vor dem bzw. in dem wir unser Leben leben müssen, und der, trotz aller individueller Unterschiede, im großen und ganzen doch der gleiche ist.

Der Vergleich zwischen dem kollektiven Unbewußten und der äußeren Umgebung führt noch zu weiteren Überlegungen. Die Manifestationen des kollektiven Unbewußten sind nicht nur bemerkenswert gleich, obwohl sie im Leben verschiedener Individuen auftreten, sondern können auch als Gruppenphänomene vorkommen. Dies war ganz offensichtlich im Deutschland zwischen den Weltkriegen der Fall. Denn es wäre bestimmt falsch zu glauben, Hitler habe seine übertriebenen und weitschweifenden Ideen einer Masse ablehnender Deutscher aufgezwungen; Tatsache war vielmehr, daß Hitler einem inneren Drang, der in ganz Deutschland gärte, zu konkretem Ausdruck verhalf. Diese Verquickung der Vorstellungen des Demagogen mit den unbewußten Ideen der Masse stellt das Geheimnis einer jeden Demagogie dar; es entsteht der Eindruck, daß die gleichen unbewußten Elemente jeden einzelnen einer Gruppe beeinflussen können. Fast ist es so, als ob die Individuen in *einem* psychischen Unterbau verwurzelt seien, der durch sie zum Ausdruck kommt. Jung hat das kollektive Unbewußte mit einem Bergmassiv verglichen, dessen verschiedene Gipfel jeweils dem bewußten Geist der Individuen entsprechen. Diese Idee von einem einzigen, universellen kollektiven Unbewußten kann sehr nützlich sein, sofern wir über verschiedene Phänomene sprechen, die mehr als nur eine Person betreffen. Auf der anderen Seite wissen wir jedoch so wenig über die Art und Weise, wie der bewußte Geist oder die unbewußte Psyche verschiedener Menschen aufeinander einwirken können – und dies auch tun –, daß es durchaus auch möglich ist, daß sich Massenphänomene durch Kommunikation auf einer unteren Ebene der Psyche erklären lassen.

Identifikation

Man muß sich stets vor Augen halten, daß das kollektive Unbewußte immer unbewußt war und es auch sein sollte. Es kann zwar geschehen, daß im Lauf menschlicher Entwicklung Dinge, die einst im kollektiven Unbewußten ruhten, allmählich Bestandteile des Bewußtseins werden, aber das ist ein langer und komplizierter Prozeß; innerhalb eines kurzen Zeitabschnitts besteht keinerlei Möglichkeit, Elemente des kollektiven Unbewußten ins Bewußtsein zu bringen.

Das persönliche Unbewußte enthält psychische Elemente, die ins Bewußtsein mit eingeschlossen werden sollten; das kollektive Unbewußte dagegen ist der unbewußte Hintergrund, der dem Bewußtsein Tiefe und Stärke verleiht. Das kollektive Unbewußte spielt zweifellos seine Rolle in unserem Leben, aber Bestandteil dieser Rolle ist es eben, ein unsichtbarer Einfluß im Hintergrund zu bleiben. Und wenn die Elemente des kollektiven Unbewußten einmal bewußt werden, dann sind sie zu »groß«, als daß das Bewußtsein mit ihnen fertig werden könnte.

Man könnte das an einem einfachen Beispiel im Zusammenhang mit der Idee von der »Großen Mutter« demonstrieren. Diese Idee vereint in sich eine Vielzahl von Elementen aus der menschlichen Erfahrungswelt, besonders die menschlicher Mutterschaft, aber auch die unserer Abhängigkeit von der Erde, was Nahrung und Leben betrifft. Wir alle kennen Ausdrücke wie »Mutter Erde« und »Mutter Natur«. Der Mythos von Persephone stellt einen anderen Aspekt in den Vordergrund; denn Persephone wird von einer Erdspalte verschluckt, die sich vor ihr aufgetan hat – was der Vorstellung von der gefährlichen, alles verschlingenden Mutter entspricht. Ideen wie diese können alarmierende Ausmaße annehmen, denn sie beinhalten die Vorstellung absoluter Abhängigkeit, die in einem vollständigen Aufgehen in der Mutter gipfeln kann, was weit über die Realität unseres täglichen Lebens hinausgeht. Solange eine solche Idee eine unter vielen im kollektiven Unbewußten bleibt, so lange wird sie durch andere kontrolliert und ausgeglichen; taucht sie jedoch als tatsächliche Einstellung im Bewußtsein auf, dann verzerrt sie das Leben eines Menschen in höchst unerfreulicher Weise. Denn ein Mensch kann tatsächlich und wahrhaftig von etwas »verschlungen« werden, das er als Manifestation des Mutterbildes begreift. Dieses »Etwas« kann seine eigene leibliche Mutter sein (es gibt erwachsene Männer, die völlig in ihrer eigenen Mutter aufgehen); oder das Verschlungenwerden nimmt die Form totaler Unterwerfung gegenüber der Umwelt an, so daß jede Entscheidungskraft und Richtlinie verlorengeht; oder sie führt womöglich zu einem völligen Sich-zurückziehen von den technischen Errungenschaften städtischer Zivilisation und zu dem Versuch, sein Leben im »Schoß der Natur« zu verbringen; oder es kommt zu vollständiger Abhängigkeit von einem menschlichen Mutterersatz, z. B. von der Ehefrau.

Hinsichtlich der Bedeutung von »bewußt« und »Bewußtsein« besteht eine gewisse Schwierigkeit, auf die hier hingewiesen werden soll. Es gibt Gelegenheiten, bei denen man sich bestimmter Elemente des kollektiven Unbewußten bewußt wird und daraus großen Nutzen zieht; das heißt jedoch nicht, daß diese Elemente damit auch Bestandteil des Bewußtseins werden. Höchstwahrscheinlich kommen große künstlerische Arbeiten, wegweisende wissenschaftliche Entdeckungen und ähnliche Dinge dadurch zustande, daß Elemente des kollektiven Unbewußten nach oben gedrungen sind. Auch im Rahmen analytischer Arbeit werden Menschen mitunter mit der unerhörten Kraft konfrontiert, die der Inhalt des kollektiven Unbewußten besitzt. Gefährlich wird es jedoch erst dann, wenn das Ich in Verwirrung gerät und nicht erkennt, daß diese Elemente zum Unbewußten »gehören«, vielmehr versucht, sie so in Verwahrung zu nehmen, als könnten sie ein Bestandteil der bewußten Persönlichkeit werden: Dann nämlich erweisen sie sich als »zu groß« für das Ich und können das Leben eines Menschen empfindlich stören. Wird das Ich mit der Situation fertig, dann entsteht aus dem Zusammentreffen von Bewußtsein und kollektivem Unbewußten eine großartige Entwicklung. Wird es nicht damit fertig, dann wird es ausgelöscht; es wird entweder zerstört oder es identifiziert sich mit den unbewußten Elementen.

Bricht ein Element des kollektiven Unbewußten ins Bewußtsein ein, dann besitzt es eine Menge psychischer Energie und konfrontiert deshalb das Ich mit einer erschreckenden Situation. Ein relativ schwaches Ich-Bewußtsein wird dadurch wahrscheinlich vollkommen überwältigt, der Mensch verliert jede Kontrolle über sein Leben und hört auf, eine organisierte Persönlichkeit zu sein – das führt dann zur Psychose. Ein etwas stärkeres Ich kann sich vielleicht bis zu einem gewissen Grad behaupten und versucht, mit dem unbewußten Element durch »Identifikation« fertig zu werden. Das hat jedoch eine noch verheerendere Wirkung als die Vernichtung des Ich, denn das Individuum, das sich mit dem unbewußten Element identifiziert, ermöglicht es dem Element, auf andere Elemente einzuwirken. »Sich identifizieren« heißt annehmen, daß die unbewußte Idee dem Bewußtsein angehört und vom Ich kontrolliert wird. Der Mensch glaubt also, daß er das unbewußte Element unter Kontrolle hat, während er in Wirklichkeit von ihm beherrscht wird. Geschieht das, dann wird der Mensch offensichtlich »unmenschlich«.

Eine sehr weit verbreitete Form der Identifikation ist die mit der Stellung, die man innehat. Das ist z. B. besonders für Geistliche und Psychotherapeuten eine Gefahr, denn beide Berufe erfordern es, daß ein Mensch zum vertrauten Führer für andere wird. Dabei geschieht es nur zu leicht, daß jemand sich selbst Eigenschaften zuspricht, die zum tiefen, unbewußten Bild des vollkommenen göttlichen Führers gehören. Findet eine derartige Identifikation statt, dann ist der Mensch nicht mehr imstande, es hinzunehmen, daß seine Ratschläge vielleicht einmal nicht befolgt werden, es mitunter sogar gar nicht sollten. Außerdem erwartet er, als jemand Besonderer behandelt zu werden – nicht, wie er sagt, weil er selbst etwas Besonderes ist, sondern wegen seiner besonderen Tätigkeit. Natürlich sind sich Psychotherapeuten dieser Gefahr sehr wohl bewußt und tun deshalb ihr Möglichstes, sie auszuschalten; und dem Geistlichen bietet seine Arbeit selbst so viele Kontrollmöglichkeiten, daß er dadurch eigentlich vor Identifikation bewahrt werden sollte. Dennoch bleibt die Gefahr selbstverständlich bestehen. – Die in ihren Sohn vernarrte Mutter identifiziert sich in ihrer Beziehung zu diesem oft mit dem Bild von der »großen Urmutter« und scheint vollkommen zu übersehen, daß die sich dadurch die gesamte Individualität ihres Kindes einverleibt. – Es gibt durch und durch schlechte Menschen, sie haben sich mit tiefen, unbewußten Elementen des Bösen identifiziert. Viele Propheten und Reformer wiederum haben sich mit göttlichen Elementen identifiziert, die eigentlich nicht Teil des Ich-Bewußtseins werden sollten. Identifikation führt dazu, daß der Mensch in bestimmten Bereichen seines Lebens nicht mehr menschlich sein kann und gleichzeitig auch unfähig wird, andere als Menschen zu behandeln – vielmehr erwartet er, daß auch die anderen sich der absoluten Autorität des unbewußten Elementes unterwerfen.

Inflation

»Inflation« nennt man die Wirkung einer Identifikation mit einem Element des kollektiven Unbewußten, denn der Mensch ist dadurch sozusagen zu mehr als Lebensgröße »aufgeblasen«. Die meisten Menschen, die eine psychologische Analyse gemacht haben, kennen in etwa die Kraft und Macht, die ein unbewußtes Element besitzen kann, und sind deshalb vor jeder Art von Inflation auf der Hut. Allerdings besteht dann die Gefahr der Überkompensation, d. h. solche Leute haben eine derartige Angst vor einer Identifikation mit einem unbewußten Element, daß sie sich nicht in erforderlicher Weise in der Welt durchsetzen. Eine Form von Inflation, die leicht im Verlauf einer Analyse auftritt, besteht darin, daß der Patient glaubt, die letzte Wahrheit über das Unbewußte und das Funktionieren der menschlichen Psyche erkannt zu haben, was offensichtlich ein Irrtum ist. Andererseits hat C. G. Jung bemerkt, daß Menschen, die auf dem Gebiet der Psychotherapie arbeiteten, manchmal wichtige Erkenntnisse nicht an die Öffentlichkeit brachten aus Angst, daß ihr Gefühl, auf eine wertvolle Wahrheit gestoßen zu sein, nichts weiter als die Folge von Inflation sei. Eine weitere Form von Inflation, die sich oft während einer Analyse bemerkbar macht, ist die, daß der Patient denkt, er habe sich weiter entwickelt als andere.

Erkennen kann man Inflation an einem gewissen Starrsinn der betroffenen Person: Auf dem Gebiet, das mit dem unbewußten Element zu tun hat, hört der »aufgeblasene« Mensch auf keinerlei Argumente und Einwände; er *weiß Bescheid*, und da gibt es keine Widerrede! Mit dieser Engstirnigkeit ist häufig auch eine Verachtung »geringerer« Menschen verbunden, die nicht imstande sind, die Bedeutung der Ansichten zu erkennen, die die »aufgeblasene« Person verkündet. Es kann schließlich dazu kommen, daß ein solcher Mensch alle menschlichen Kontakte aufgibt und sich auf sich selbst zurückzieht. Innerlich wird die Inflation als »Euphorie« erfahren; d. i. eine starke Empfindung inneren Wohlbehagens, begleitet von einem Gefühl eigener Wichtigkeit. Wird so etwas zu einer ständigen Einstellung, dann führt das zu ernsthaften Schwierigkeiten; Euphorie ist allerdings nicht immer etwas Negatives. Jeder macht ein leichtes Stadium von Inflation durch, wenn er sich neues Wissen angeeignet oder etwas entdeckt. Bei solchen Gelegenheiten fühlt man sich sehr glücklich und ist überzeugt, daß von nun an alles glatt und gut geht. So ein Gefühl kann recht erfreulich sein und ist normalerweise auch vollkommen harmlos – zumal es ziemlich schnell vorbeigeht, und man erkennt, daß man noch eine ganze Menge lernen muß. Solange man sich eine gewisse Kritikfähigkeit bewahrt hat und eine Euphorie genießen kann, ohne gleich zu glauben, diese müsse nun ständig andauern oder sei sogar notwendig, so lange hat man sich noch nicht ganz mit den unbewußten Elementen identifiziert, und die Inflation hat nur teilweise stattgefunden. Vollständige Identifikation zerstört nämlich jede Kritikfähigkeit.

Gelingt es einem Menschen nicht, die Vergänglichkeit einer Inflation zu erkennen, sondern versucht er stattdessen, an ihr wie an einem bleibenden Besitz festzuhalten, dann wird es sehr ernst. Wie bereits gesagt, zieht so ein Mensch sich dann womöglich völlig in sich selbst zurück und pflegt das unbewußte Element, das ihm solche Wonne verschafft; oder er stürzt immer wieder aus dem Zustand größten Glücks in tiefstes Elend. Im Extremfall kann das zu »manischer Depression« führen, einer Geisteskrankheit, bei der Perioden unerhörter Hochstimmung mit solchen tiefsten Trübsinns abwechseln. In den Zeiten der Hochstimmung ist das Individuum von einem unbewußten Element (oder Komplex) besessen, das alles richtig und möglich erscheinen läßt; in den Zeiten der Depression geht die Kraft des unbewußten Elements verloren, und die Welt scheint ein schrecklicher und unglücklicher Ort zu sein, der Probleme aufwirft, mit denen das Ich unmöglich fertig werden kann. Hochstimmung wie Trübsinn sind beide gleichermaßen weit von der Realität entfernt.

Die Persona

Es gibt noch einen weiteren Teil der Psyche, der in der Jungschen Psychologie von Bedeutung ist, und das ist die »Persona«. Sie liegt – um in unserem Bild zu bleiben – genau entgegengesetzt zum kollektiven Unbewußten und steht in enger Beziehung mit dem Ich. Trotzdem gestaltet man seine Persona nicht bewußt, da dies vielmehr unbewußt geschieht, können wir sie in diesem Kapitel über das Unbewußte erwähnen. Um die Idee der Identifikation zu veranschaulichen, brachten wir das Beispiel des Pfarres oder Psychotherapeuten, der sich möglicherweise mit der unbewußten Idee seiner beruflichen Stellung identifiziert. Solche Identifikation führt dann zu Inflation durch die unbewußten Elemente. Gleichzeitig aber muß ein Mann, der im gesellschaftlichen Leben eine bestimmte Rolle spielt, bis zu einem gewissen Grad auch die Verantwortung, die seine Stellung mit sich bringt, übernehmen. Wenn jemand zu einem Beamten geht, um sich Auskünfte und Rat zu holen, dann wird er wenig begeistert sein, wenn er eine falsche Auskunft erhält, nur weil der Beamte einen eigenartigen Sinn für Humor hatte. Läßt jemand in offizieller Stellung seinen Humor an den Kunden aus, dann wird er sich bald nach einem neuen Arbeitsplatz umsehen müssen. Ebenso muß ein fauler Mensch seine Faulheit unter Kontrolle halten, wenn er seine feste Stelle nicht verlieren möchte. Offensichtlich müssen wir, was unsere Arbeit betrifft, nicht nur dem Rechnung tragen, was wir sind, sondern uns auch der Art der Arbeit anpassen.

Diese Notwendigkeit, uns selbst unserer Aufgabe anzupassen, beschränkt sich nicht nur auf unsere Arbeit. Vielmehr müssen wir stets mit anderen Menschen innerhalb bestimmter sozialer Gruppierungen zusammenleben und deshalb auch diese Menschen berücksichtigen. Außerdem haben wir ein gewisses Interesse an dem, was andere über uns denken. Folglich sind wir nicht nur der Mensch, als den wir uns im Inneren erkennen, sondern wir sind auch die Person, die anderen gegenüber einen bestimmten mehr oder weniger gleichbleibenden Charakter zeigt. Das bedeutet nun freilich nicht, daß wir zwei verschiedene Menschen sind, ein innerer und ein äußerer (obwohl es auch das gibt). Der Charakter, den wir anderen zeigen wollen, hängt nämlich von unserer eigenen inneren Natur ab. Wir übernehmen zwar konventionelle Verhaltensweisen, wählen diese aber selbst aus. Wir akzeptieren nicht einfach jede Konvention unserer eigenen sozialen Gruppe, sondern wir treffen unsere individuelle Auswahl. Mit anderen Worten: Wir begegnen der Welt nicht mit unserem »nackten« Ich, sondern mit Hilfe einer Persönlichkeit, die unser Ich zum Ausdruck bringt, die in gewisser Weise aber auch der Welt, mit der wir es zu tun haben, angepaßt ist. Und diese Persönlichkeit nennt Jung die »Persona«.

Das Wort »Persona« kommt aus dem Griechischen und war ursprünglich die Bezeichnung für die Masken, die die griechischen Schauspieler trugen. Und in gewissem Sinn ist die Persona eines Menschen ja auch die Maske, die er sich anlegt, wenn er der Welt gegenübertritt. Dennoch ist die Persona kein Trugbild, sondern das, was wir wahrhaftig in Beziehung zur äußeren Welt sind. Sie ist irgendwo unseren Kleidern vergleichbar, denn diese bedecken unsere Nacktheit und offenbaren zugleich unser Wesen.

6. Psychologische Typen

Die Bedeutung des Bewußtseins

Manchmal hat man den Eindruck, als ob sich Psychotherapeuten mehr mit der unbewußten Psyche als mit dem Bewußtsein beschäftigten und als wenn ihre Arbeit nur daraus bestünde, mehr oder weniger über die Tiefen der Psyche herauszufinden. Wer das glaubt, der irrt jedoch gewaltig. Es scheint zwar zuzutreffen, daß wir in unserer Selbsterkenntnis nicht sehr weit kommen, ohne eine derartige Vorstellung einzuführen, wie die des Unbewußten. Aber zu dieser Erkenntnis kommen wir ja nur, sofern wir mit der Erforschung des Bewußtseins beginnen. Verwendet eine Psychologie die Idee des Unbewußten, dann macht sie davon Gebrauch, um etwas *Zusätzliches* zu beschreiben: Wenn wir von den unbewußten Vorstellungen und Absichten eines Individuums sprechen, dann sind damit Vorstellungen und Absichten gemeint, die zwar in Betracht gezogen werden müssen, die jedoch diejenigen Vorstellungen und Absichten, derer sich der Mensch selbst bewußt ist, nur ergänzen. Kein gewissenhafter Psychotherapeut würde den Fehler begehen, bewußte Ideen und Intentionen als unwichtig abzutun; er möchte nur zeigen, daß es noch andere Dinge gibt, die von gleicher Bedeutung sind. Manche Leute haben ihre Überraschung darüber geäußert, daß Jung in seinem Buch »Mysterium Conjunctionis« so sehr die Bedeutung des Ich betont; aber eigentlich ist das nichts weiter als die explizite Darstellung dessen, was implizit schon immer vorausgesetzt war.

Auch wenn man ausdrücklich vom Unbewußten spricht, heißt das nicht, daß man die Bedeutung des Bewußtseins leugnet; denn das Unbewußte ist ja nur durch seine Auswirkungen bekannt, und das bedeutet: durch Dinge, die im Bewußtsein geschehen. Außerdem interessieren uns die Dinge, die das Unbewußte manifestieren, weil sie mit dem bewußten Leben schließlich irgendwie in Beziehung stehen. So können z. B. »merkwürdige Dinge«, wie wir sie weiter vorne beschrieben haben, unsere bewußten Pläne und Absichten durchkreuzen; und es ist eben jene Fähigkeit, das Bewußtsein zu stören, die ihnen und der Idee des Unbewußten Bedeutung verleiht. Ferner sind unbewußte Elemente mitunter imstande, das Bewußtsein zu vernichten; und in solch einem Fall ist es dann schon deshalb wichtig, über das Unbewußte zu sprechen, weil eine möglichst genaue Kenntnis der Geschehnisse bei der Wiederherstellung eines bewußten Zentrums des Menschen von Nutzen sein kann. Nochmals: Ideen und Einstellungen, die aus dem Unbewußten aufsteigen, können sich als sehr wertvolle Beiträge zum Bewußtsein erweisen, und die Beschäftigung mit dem Unbewußten hilft uns besser zu verstehen, was geschieht und warum derartige Dinge wichtig sind.

Begegnet man einem anderen Menschen, dann fragt man sich natürlich – egal, ob man nun ein Psychotherapeut ist oder nicht – »welche Sorte Mensch ist das wohl?«; und wenn man sich diese Frage stellt, dann beschäftigt einen in erster Linie die vorherrschende Einstellung dieser Person gegenüber anderen Menschen und gegenüber Dingen – d. h. man befaßt sich mit ihrem »Ich-Komplex«, ihrer bewußten Einstellung zum Leben. Um sich die Antwort auf diese Frage zu erleichtern, muß man irgendwelche Kategorien zur Hand haben, igendeine Möglichkeit, um Leute zu klassifizieren. Mit anderen Worten, man muß eine Vorstellung davon haben, welche verschiedenen Typen von Menschen es gibt. Das heißt freilich nicht, daß jedes Individuum fein säuberlich in eine Schublade eingeordnet werden könnte, sondern es bedeutet lediglich, daß man mit dem Wissen um einige allgemeine Typen ein besseres Bild von einem Menschen bekommen kann. Niemand kann exakt klassifiziert werden, und zwei verschiedene Menschen können nie zusammen in ein und demselben, eindeutig beschrifteten Fach »abgelegt« werden. Jung hat sich mit diesem Problem auseinandergesetzt, und seine Erforschung der Menschentypen basierte weitgehend auf eigenen Erfahrungen. Am Beginn seiner Untersuchung dachte er zweifellos an die Divergenz zwischen seinen Ansichten und denen von Sigmund Freud; Jung spürte, daß diese Tatsache in engem Zusammenhang stand mit einer grundlegenden Verschiedenheit des »Typus«.

Die Bedeutung des »Typus«

Jung schlägt vor, die Menschen auf zwei verschiedene, sich ergänzende Weisen in Typen einzuteilen, etwa wie wir Obst an seiner Farbe und an seiner Härte- bzw. Weichheit unterscheiden können. Eine Frucht ist rot, gelb, orange usw., und sie ist auch hart oder weich; eine Frucht beliebiger Farbe kann hart oder weich sein. Jung behauptet nun, daß sich die Menschen normalerweise der einen oder anderen *Funktion* bedienen und außerdem eine von zwei *Einstellungen* gegenüber anderen Menschen und Dingen einnehmen. Die *Funktionen* sind Denken, Fühlen, Empfindung und Intuition, die *Einstellungen* Introversion und Extraversion; und eine jede der vier Funktionen kann sowohl introvertiert als auch extravertiert sein.

Eine Funktion ist die jeweilige Art und Weise, wie wir die Dinge, denen wir begegnen, verarbeiten und auswerten. Wenn beispielsweise mehrere Menschen eine Landschaft betrachten, dann ist der erste vielleicht vom Blick selbst beeindruckt, bemerkt die verschiedenen Farbkomponenten und die Art, wie die Grünschattierungen ineinanderfließen; ein anderer begutachtet die Gegend im Hinblick auf eine gewinnbringende Landwirtschaft, ein dritter erinnert sich womöglich an geschichtliche Ereignisse, an die verschiedenen Völker, die hier schon gelebt haben, und an ihre unterschiedlichen Gesellschaftssysteme; ein vierter schießlich denkt, wie gerne er in so einer Ecke wohnen möchte. Jeder der vier wertet den Blick unterschiedlich aus, und für jeden bedeutet der gleiche Ausblick etwas ganz anderes. Der eine Mensch baut darauf, sich in der Welt und in seinem Beruf durch Leistungsfähigkeit und ein unerbittlich scharfes Denkvermögen durchzusetzen; ein anderer dagegen verläßt sich auf seine Fähigkeit, andere Leute zu »verstehen« und sie so zu behandeln, daß sie sein Anliegen unterstützen. Der eine plant jede Unterhaltung und jedes Gespräch vorher bis ins Detail, ein anderer läßt ihm freien Lauf. Der eine Gesprächspartner berücksichtigt das irrationale Element in seinem Gegenüber, der andere erwartet, daß man sich seiner Meinung anschließt, sofern er deutlich machen kann, daß sie vernünftig ist.

Die verschiedenen Funktionen stehen alle jedem einzelnen Individuum zur Verfügung; doch aus dem einen oder anderen Grund fördern wir die eine und vernachlässigen wir eine andere. Das bedeutet aber nicht, daß wir eine Funktion, die wir normalerweise ignorieren, überhaupt nie verwenden; es kann vielmehr passieren, daß sie ohne unsere Absicht ins Spiel kommt, wobei sie entweder eine wertvolle Bereicherung dessen, was wir sind, bildet oder aber beträchtliche Verwirrung stiftet. Es ist keineswegs so, daß manche Menschen nur eine einzige Funktion besitzen und keine andere, aber jeder von uns neigt eben dazu, die eine mehr zu gebrauchen als die andere. Unterscheidet man Menschen nach der bei ihnen vorherrschenden Funktion, dann bezieht man sich dabei einfach auf das Verhalten, das sie normalerweise an den Tag legen.

Die dominante Funktion bestimmt die Art und Weise, wie Menschen mit den Dingen umgehen, die sie interessieren, und welche Gesichtspunkte sie dabei für wichtig halten. Der andere Unterschied, der zwischen Introversion und Extraversion, betrifft die Beziehung des Menschen zu den Dingen, die ihn interessieren. Angenommen, zwei Personen betrachten dasselbe Bild. Die erste bewundert das Bild, weil ihm die Anordnung und Ausgeglichenheit der Farben und das technische Können des Malers beeindruckt. Für diese Person ist das Bild als solches bewundernswert, als das, was es ist. Je länger sie das Bild anschaut, desto mehr wird ihr dessen Eigenart bewußt und die Mühe, die der Künstler darauf verwendet hat. Auch die zweite Person bewundert das Bild, aber sie tut es wegen der Wirkung des Bildes auf sie selbst: Wenn sie nämlich das Bild betrachtet, offenbaren sich ihr neue Einsichten, neue Einstellungen zum Leben und neue Gefühlsbereiche; je länger sie das Bild ansieht, desto weniger ist sie sich des Bildes als solches bewußt, dafür aber umso mehr der inneren Gefühle, die es erweckt. Beide Arten ein Bild zu betrachten bergen Gefahren in sich, sofern sie ins Extrem getrieben werden. Die erste Person wird in dem Bild viele Dinge sehen, die in Wirklichkeit gar nicht vorhanden sind, d. h. Dinge, die zwar für sie, nicht aber für andere existieren. Das geschieht, weil sich diese Person ihrer eigenen Reaktion auf das Bild nicht im geringsten bewußt ist. Der zweite Mensch wiederum neigt dazu, die Bedeutung des Bildes selbst zu übersehen; ihn fesselt das, was in seinem Inneren vor sich geht, er glaubt, seine Reaktion sei einzigartig.

Jede Erfahrung ist jedoch eine Mischung aus dem, was wir erleben, und aus dem, was wir selbst sind: Wir sagen, eine Erfahrung hat einen »objektiven« und einen »subjektiven« Aspekt. Der objektive Aspekt wird durch das Objekt beigebracht – den Menschen oder das Ding, mit dem wir es zu tun haben –, der subjektive Aspekt ist unser eigener Beitrag, den wir zu der Erfahrung leisten. D. h., es ist ebenso falsch zu glauben, eine bestimmte Erfahrung sei das, was sie ist, nur weil wir der sind, der wir sind, wie es irrig ist anzunehmen, daß jeder in der gleichen Situation die gleiche Erfahrung machen würde. Was die Erfahrung als Ganzes betrifft, betont der extravertierte Mensch die Bedeutung des Objekts, der introvertierte dagegen die Bedeutung der Person, welche die Erfahrung macht. Anders ausgedrückt: Der Extravertierte ist der Ansicht, daß die Menschen und Dinge, denen er begegnet, seinem Leben Gehalt und Wert verleihen, der Introvertierte indessen glaubt, daß die wirklich wesentlichen Dinge mit der Art und Weise zusammenhängen, wie er Menschen und Dingen gegenübertritt.

Denken

»Denken« ist eine ziemlich unglückliche Bezeichnung für eine der wichtigsten geistigen Funktionen, denn in gewissem Sinn kann man alles, was in unserem Geist vor sich geht, »Denken« nennen. Es ist jedoch schwierig, ein besseres Wort zu finden, und es gibt auch eine gewisse Berechtigung für den Gebrauch eben dieses Begriffes, weil er sich auf die Art des Denkens bezieht, die die meisten Menschen als »angemessen« und »richtig« betrachten. Denken ist eine »rationale« Funktion, die Dinge vergleicht, in Beziehung setzt und voneinander unterscheidet.

Wenn wir diese Funktion anwenden, dann neigen wir dazu, eine Verbindung von Dingen in getrennte Teile aufzugliedern. Über etwas nachdenken (in diesem Sinn von »denken«) heißt, sich überlegen, wie etwas aufgebaut ist und wie die Einzelteile untereinander in Beziehung stehen. Wir denken (in diesem Sinn), wenn wir uns fragen, wie ein Ding ein anderes verursacht, oder wenn wir uns mit den wahrscheinlichen Auswirkungen einer bestimmten Handlung befassen, wir denken, wenn wir Dinge nach entsprechenden Kategorien in verschiedene Klassen einordnen, z. B. Tiere einteilen in solche, die Eier legen, und solche, die ihre Jungen lebendig zur Welt bringen; wir denken, wenn wir ein Ding mit einem anderen vergleichen und feststellen, daß das eine größer als das andere oder dieses nützlicher als jenes ist. Hören wir einem Musikstück zu und bemerken dabei, wie dieses aufgebaut ist, welche Anklänge an andere bekannte Werke darin enthalten sind und welches Ziel der Komponist damit verfolgte, dann machen wir ebenfalls von der Funktion des »Denkens« Gebrauch.

Die Tests zur Feststellung des Intelligenzquotienten bei Kindern befassen sich fast ausschließlich mit dieser Funktion, und über mehrere Jahrhunderte hinweg wurde in der europäischen Gesellschaft diese Funktion als die wichtigste überhaupt angesehen. Das hat eine gewisse Berechtigung, da durch Anwendung eben dieser Funktion Wissenschaft und Technologie ihr gegenwärtiges hohes Niveau erreichten; andrerseits ist es eine dumme und unglückliche Einstellung, einfach weil denjenigen, denen es schwerfällt, sich dieser Funktion zu bedienen, daraus die größten Schwierigkeiten erwachsen. Denken (in diesem Sinn) ist nur eine der Möglichkeiten, wie wir unseren Geist anwenden können, um das Leben zu meistern. Wer ihn ganz selbstverständlich auf andere Weise gebraucht, der sollte nicht das Gefühl haben, sein Denken (im weiteren Sinne) sei minderwertig. Die Gesetze der Logik geben Rechenschaft darüber, wie unser Denken vor sich geht, wenn wir diese Funktion verwenden.

Fühlen

Die Wahl des Wortes »Fühlen« ist ebenfalls nicht glücklich, weil wir Fühlen normalerweise mit Emotion in Verbindung bringen – was hier jedoch nicht gemeint ist. Jung bezeichnet das Fühlen als eine »rationale« Funktion, genauso wie das Denken, und er scheint damit zu meinen, daß das Fühlen eine Funktion ist, mit deren Hilfe wir uns Werturteile über Dinge bilden. Während das Denken die Art und Weise beurteilt, wie Dinge untereinander verbunden sind, und diese auch miteinander vergleicht, befaßt sich das Fühlen mit dem Wert der Dinge.

Der Unterschied zwischen Denken und Fühlen läßt sich ganz einfach zeigen in Verbindung mit der Idee des Wertes und der der Bedeutung. Wenn wir die Funktion Denken anwenden, dann können wir den Wert einer Sache nur beurteilen, indem wir sie mit einer anderen in Zusammenhang bringen, deren Wert wir bereits kennen. Plant man z. B. den Bau einer Brücke, so muß man als erstes wissen, welchen Zweck die Brücke erfüllen soll, wieviel Geldmittel zur Verfügung stehen und was an Material beschafft werden kann: Man denkt jedoch nicht über diese Dinge nach, sondern man gebraucht sein »Denken«, um über den besten Weg zu entscheiden, die Brücke im Rahmen der gegebenen Voraussetzungen zu erstellen. Ebenso kann man mit Hilfe des Denkens irgendein Mittel entdecken, welches das Leben verlängert, daß eine solche Entdeckung einen Wert hat, kann man jedoch nur sagen, wenn man sowieso schon der Überzeugung ist, daß eine Verlängerung des Lebens wertvoll ist. Mit Hilfe des Denkens können wir herausfinden, wie bestimmte Ziele am besten erreicht werden können – und in bezug auf solche Ziele sind wir dann möglicherweise auch in der Lage, die Mittel, die wir uns ausdenken, zu bewerten; Voraussetzung dafür ist allerdings, daß wir den Wert der Ziele bereits kennen. Fühlen dagegen ist die Funktion, die den Wert direkt beurteilt.

Was Fühlen ist, zeigen wohl am besten die Worte, die wir im Zusammenhang damit verwenden, zum Beispiel »nett«, »garstig«, »gut«, »schlecht«, »schön«, »häßlich«. Wenn einem ein Musikstück »gefällt« und man es als ausgezeichnet bewertet, dann fällt man ein gefühlmäßiges Urteil, und zwar über das Musikstück als Ganzes. *Denken* wir über Musik nach, dann wird uns klar, wie ihre einzelnen Elemente zusammengefügt sind; mit Hilfe des *Gefühls* dagegen werden wir gewahr, wie sie ist. Fühlen befaßt sich im allgemeinen mit den Dingen in ihrer Ganzheit, nicht mit den Beziehungen zwischen deren einzelnen Bestandteilen.

Empfindung

Denken und Fühlen sind »rationale« Funktionen, vermittels derer wir uns Urteile über Dinge bilden. Die Empfindung dagegen wird eine »irrationale« Funktion genannt, weil sie sich weder mit den Beziehungen zwischen Dingen noch mit deren Wert beschäftigt. Empfindung ist die Funktion, mit deren Hilfe wir Dinge, sobald sie auftreten, auch wahrnehmen. Empfindung hat mit Form, Farbe und Anordnung der Dinge zu tun, die wir sehen, und sie befaßt sich mit

Tatsachen. Bedienen wir uns dieser Funktion, dann geht es uns nicht um gut oder böse, richtig oder falsch, Ursache oder Wirkung oder um irgendwelche anderen Beziehungen oder Vergleiche, sondern vielmehr um den tatsächlichen, momentanen Zustand der Dinge.

So wie Denken und Fühlen zwei verschiedene Wege zur Bildung eines Urteils darstellen, so ist Empfindung eine von zwei Möglichkeiten, sich einer bestehenden Situation bewußt zu werden. Die andere ist Intuition, und der Unterschied zwischen beiden kann vielleicht am besten anhand zweier Menschen deutlich gemacht werden, die beide denselben Verkehrsunfall sehen. Die Person, die ihre Empfindungsfunktion gebraucht, sieht, was geschieht. Sie bemerkt, wie ein Auto um die Ecke gefahren kommt, wie es plötzlich bremst und die Hinterräder auszubrechen beginnen; sie sieht, wie der Wagen gegen einen Laternenpfahl stößt, der verbogen wird, und sie nimmt auch wahr, wie das Auto schließlich hinten auf ein am Gehsteig geparktes Fahrzeug prallt. Denkt diese Person später einmal über das Gesehene nach, dann wird sie versuchen herauszubekommen, wie es zu dem Unfall kam; solange sie sich jedoch nur ihrer Empfindungsfunktion bedient, wird sie nichts weiter als den tatsächlichen Verlauf der Ereignisse wahrnehmen.

Intuition

Die andere Person, die bei dem Unfall zuschaut, bemerkt wahrscheinlich dasselbe wie die erste, nur wird sie sich dabei erheblich anderer Dinge bewußt. Sie nämlich »sieht« sozusagen, was sich hinter dem tatsächlichen Verlauf der Ereignisse abspielt. Sie bemerkt, daß das Auto zu schnell um die Kurve gefahren kommt, daß der Fahrer hart auf die Bremsen treten muß, und erwartet deshalb auch, daß der Wagen zu schleudern beginnt. Die ganze Zeit über ist sich diese Person des Problems bewußt, das sich dem Fahrer stellt, und ebenso der wahrscheinlichen Konsequenzen des Geschehens. Nicht daß sie nicht sieht, was passiert, aber das hat für sie nur untergeordnete Bedeutung; ihr Interesse gilt vielmehr dem Weshalb und Warum des Geschehens und den zukünftigen Folgen, nicht dem momentanen Ablauf der Ereignisse. Sie neigt dazu, die Dinge, die mit Hilfe der Funktion der Empfindung beobachtet werden, als

»bloße Tatsachen« oder »bloße Ereignisse« abzutun.

Diese zweite Person macht von der Funktion der Intuition Gebrauch – was nicht gleichbedeutend mit dem Ziehen voreiliger Schlüsse ist, sondern was heißt, die Fähigkeit zu besitzen, die innere Bedeutung und Signifikanz dessen, was vor sich geht, zu bemerken. Selbstverständlich soll damit nicht gesagt werden, daß Intuition immer richtig liegt; genausowenig, wie wir ein Geschehen immer exakt und genau verfolgen können, wenn wir uns der Funktion der Empfindung bedienen. Die Funktion der Intuition befaßt sich mit einer anderen Seite der Ereignisse. Der Künstler, der ein naturgetreues, fast fotografisch genaues Abbild der Landschaft malt, die er vor sich sieht, macht von seiner Empfindungsfunktion Gebrauch; der Maler dagegen, der der Landschaft eine charakteristische Atmosphäre gibt und aus diesem Grund das tatsächliche Bild verzerrt und abändert, verwendet seine Funktion der Intuition – er erkennt intuitiv und versucht die dem Ort eigene Bedeutung widerzugeben.

Die vier Funktionen

Es ist vielleicht nützlich, die vier Funktionen mit Hilfe eines Diagramms darzustellen:

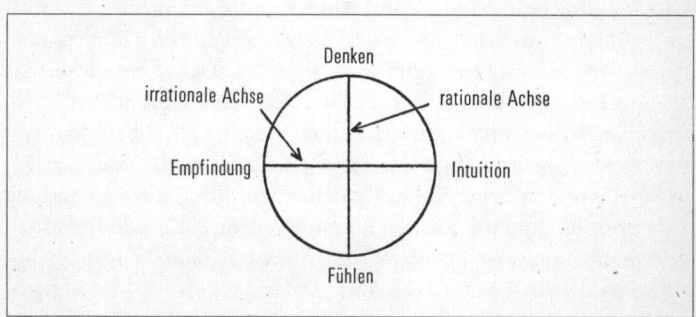

Die Funktionen, die einander gegenüberstehen, sind »Gegenteile«, und zwar in der Hinsicht, daß sie auf unterschiedliche Art und Weise dasselbe tun. Sowohl beim Denken als auch beim Fühlen geht es darum, ein Urteil zu bilden – nur während das Denken die Beziehungen zwischen den einzelnen Bestandteilen eines Dinges und die

Art und Weise, wie diese untereinander verbunden sind, beurteilt, ist Fühlen die Funktion, die Dinge bewertet. Man kann schwerlich eine Sache im selben Moment auf beide Arten behandeln, genausowenig wie man eine Uhr nicht in ihre Einzelteile zerlegen kann, um zu sehen, wie sie funktioniert, und sie gleichzeitig zur Zeitanzeige heranziehen. Das bedeutet, daß, wenn man seine Gefühlsfunktion entwickelt, man dem Denken wenig Beachtung schenken kann, und wenn man sein Denken schulen will, man das Fühlen vernachlässigen muß. Ähnlich befassen sich Empfindung und Intuition beide mit der Natur der Dinge und können wohl kaum gleichzeitig angewendet werden. Denn wenn man sich mit dem gegenwärtigen und tatsächlichen Erscheinungsbild von Dingen beschäftigt, dann ist es nur verwirrend, zusätzlich noch von ihrer Signifikanz und Bedeutung behelligt zu werden; sind einem andererseits Signifikanz und Bedeutung wichtig, dann lenkt es nur ab, wenn man auch noch das genaue Erscheinungsbild in Betracht ziehen soll.

Der Wert der kreisförmigen Anordnung im Diagramm besteht darin, daß man sagen kann: Die bei einem Menschen dominante Funktion liegt auf der Peripherie des Kreises. Man ist ein überwiegend denkender, intuitiver, fühlender oder empfindender Typus, oder eine Mischung aus Denken und Intuition, Denken und Empfindung, Intuition und Fühlen oder Empfindung und Fühlen – nicht jedoch eine Kombination von Denken und Fühlen oder Empfindung und Intuition. Jeder Mensch besitzt zwar alle vier Funktionen, aber bei jedem sind eine oder zwei sehr viel stärker entwickelt als die anderen. Wir können wohl von allen vier Gebrauch machen, aber ein jeder neigt dazu, sich der einen (oder zwei), die stärker ausgeprägt sind, weit häufiger zu bedienen als der übrigen; außerdem scheinen wir den Ergebnissen, zu denen wir durch die Anwendung unserer dominanten Funktion kommen, mehr Aufmerksamkeit zu schenken als anderen. Die Person, die hauptsächlich ihr Denken benutzt, wird wahrscheinlich die Werturteile des Fühlens (ihre eigenen wie auch die anderer) als ziemlich törichte Reaktionen abtun, die bestimmt keinerlei allgemeine Bedeutung und Sinn haben; derjenige, der am häufigsten seine Gefühlsfunktion verwendet, betrachtet logisches Denken als etwas ausgesprochen Trockenes und Ödes, als eine Art Wortspiel; für den Menschen, der sich auf seine Empfindung verläßt, sind aus Intuition gewonnene Einsichten nichts weiter als eine Art vager Spekulation; und die Person, die sich ihrer Intuition bedient, kann in reinem Faktenwissen keinerlei Wert erkennen. Wir sprechen von einem denkenden, empfindenden, fühlenden oder intuitiven Typus und meinen damit einen Menschen, der überwiegend eine spezielle Funktion verwendet und bei dem eben diese Funktioin stärker entwickelt ist als die übrigen.

Ein gewisses Verständnis für diese verschiedenen Funktionen und vor allem für den Typus Mensch, der durch die verstärkte Ausbildung der einen oder anderen Funktion entsteht, ein solches Verständnis ist für persönliche Beziehungen von größter Bedeutung und kann viele der üblichen Mißverständnisse verhindern. Viele Ehemänner z. B. hat ihr mangelndes Verständnis für den Wert der Gefühlsfunktion schon dem Wahnsinn nahegebracht: Wenn ihre Frauen eine Bemerkung oder einen Vorschlag machen, dem sie nicht zustimmen, dann pflegen sie eine Begründung dafür zu fordern, und zwar eine von der »denkenden« Sorte. Die Frauen, die ihre Männer zufriedenstellen wollen, geben daraufhin den ersten besten Grund an, der ihnen in den Kopf kommt. Der Ehemann erklärt dann geduldig, daß dieser völlig absurd ist, worauf die Frau eine andere Begründung nennt – die ebenso absurd ist. Der Mann weist dann vielleicht nach, daß die ursprüngliche Bemerkung bzw. der Vorschlag falsch war, und seine Frau stimmt ihm am Ende widerwillig zu. Später stellt sich dann jedoch heraus, daß die Frau auf der ganzen Linie recht hatte, und nun können beide auch sehen, warum. Hätte der Ehemann etwas über den Unterschied zwischen den Funktionen Denken und Fühlen gewußt, dann hätte er von Anfang an erkannt, daß seine Frau möglicherweise recht haben könnte, obwohl sie keinen Grund für ihren Standpunkt anzugeben vermochte – und daß sein grundlegender Fehler darin bestand, überhaupt nach einem Grund zu fragen.

Der intuitive Typus wird wahrscheinlich auch in Schwierigkeiten geraten, wenn er beginnt, nach inneren Ursachen zu forschen. Ausgangspunkt ist vielleicht irgendein unmögliches und scheußliches Verhalten eines Einzelnen oder einer Gruppe (der jungen Generation z. B.). Besteht der intuitive Typus nun darauf, wenigstens den Versuch zu machen zu verstehen, wie diese Art von Verhalten zustande gekommen ist, so wird man ihm alsbald vorwerfen, er entschuldige dieses Verhalten. Die Leute werden sagen: »Aber du bist doch bestimmt nicht der Ansicht, daß man so etwas tun sollte!« Selbstverständlich ist er auch nicht dafür, aber trotzdem beschäftigen ihn die zugrundeliegenden Motive; und es ist nicht unwichtig, daß wenigstens einige Leute diese ernst nehmen – wie es andererseits natürlich auch wichtig ist, daß manche sich auf die nach außen hin sichtbare Art der Handlung konzentrieren. Grundsätzlich sollten wir uns alle vor dem Fehler hüten, von anderen Menschen zu erwarten, daß sie sich dem Typus anpassen, den wir gerade am meisten schätzen; vielmehr sollten wir uns darüber klar sein, daß andere Betrachtungsweisen auch ihren Wert besitzen. Es ist nämlich durchaus gefährlich, wenn wir Menschen zu überreden versuchen, sich einer Funktion zu bedienen, von der sie annehmen, daß sie sich bewährt hat, die jedoch nicht die Funktion ist, die ihnen eigentlich entspricht.

Introversion

Für viele ist es schwierig zu verstehen, was Jung mit Introversion meint. Und unglücklicherweise beschäftigt dieses Problem die statistische Psychologie mehr als alle anderen. »Unglücklicherweise« deshalb, weil Statistiker der Meinung sind, daß der Grad der Introversion oder Extraversion eines Menschen mit statistischen Methoden erfaßt werden kann, und sie sich daher Tests ausdenken, um diesen zu messen. Das Ergebnis ist, daß die Vorstellung von Introversion meist von der in der statistischen Psychologie gebräuchlichen abgeleitet wird und sich so weitgehendst von dem unterscheidet, was Jung ursprünglich im Sinn hatte, als er den Begriff einführte.

Ein einfacher psychologischer Test, um den Grad von Introversion oder Extraversion zu ermitteln, enthält z. B. folgende Fragen: »Mischen Sie sich in eine politische Diskussion ein?« »Werden Sie lebhaft, wenn Sie mit einer Gruppe von Freunden zusammen sind?« Die Überlegung ist die, daß derjenige, der auf solche Fragen mit »ja« antwortet, ein Mensch ist, der gern mit anderen Menschen zusammen an Gruppenaktivitäten teilnimmt, der zu der Sorte gehört, die in Gesellschaft am glücklichsten ist und die es schätzt, mit andern zusammenzusein – und daß ein solcher Mensch wohl eher extravertiert als introvertiert ist. Laut dieser Vorstellung ist der Extravertierte ein Mensch, der gut mit seinen Mitmenschen auskommt, der gern Leute um sich hat und nicht allein sein mag; der Introvertierte dagegen ist in einer Gruppe unbeholfen, fühlt sich dort nicht wohl und zieht die Einsamkeit vor. In der allgemeinen Meinung wird dieser Unterschied oft noch weiter ausgebaut, und der Extravertierte als selbstlose Person dargestellt, die sich um andere kümmert, während der Introvertierte als selbstsüchtig in sich eingeigelt erscheint. Diese Vorstellungen haben nur sehr wenig mit dem Unterschied zu tun, den Jung zwischen extravertiertem und introvertiertem Typus gemacht hat.

Laut Jung ist der Introvertierte ein Mensch, der den innerlichen Teil einer Erfahrung höher einschätzt als den äußeren; aber das heißt nicht, daß er sich selbst höher einstuft als andere. Wie wir gesehen haben, besteht Jung darauf, daß es einen Teil der Psyche gibt, der genauso »objektiv« ist wie die Außenwelt – d. h. daß neben unserem bewußten Selbst noch etwas anderes existiert, mit dem wir in Berührung kommen – und mit eben dieser inneren »Welt« beschäftigt sich der Introvertierte. Eine Idee beispielsweise ist Bestandteil dieser inneren Welt, und es ist durchaus möglich, einer Idee anzuhängen und für sie zu arbeiten, ohne auch nur im geringsten selbstsüchtig zu sein. Männer und Frauen haben sich für Ideen genauso aufgeopfert wie für andere Menschen oder für äußere Institutionen. Dieses Interesse für bestimmte Ideen ist einer der Punkte, an denen der Irrtum deutlich wird, der Testfragen von der oben erwähnten Sorte zugrundeliegt. Mischt man sich in eine politische Diskussion ein, dann bedeutet das vielleicht, daß man sich ungern von einer Gruppenaktivität ausschließt, es kann aber auch bedeuten, daß einem politische Ideen so wichtig sind, daß man zu einer Diskussion darüber unbedingt auch etwas beitragen möchte. Und wenn man im Kreis seiner Freunde lebhaft ist, dann kann das von gemeinsamen Interessen herrühren, d. h. die Lebhaftigkeit kann durch Interesse am Diskussionsgegenstand begründet sein.

Für Leute, die gewöhnlich nicht introvertiert sind, ist es äußerst schwierig, die Einstellung des introvertierten Menschen zu verstehen. Solche Menschen machen dann häufig einen sehr einfachen Unterschied zwischen »subjektiv« und »objektiv« und bezeichnen das, was irgendwie »in ihnen selbst« ist, als »subjektiv« und betrachten nur die Dinge der Außenwelt als »objektiv« – das ist ihre Einstellung. Vom Standpunkt des Introvertierten aus gesehen haben sie jedoch viele Dinge mit ihrem eigenen Bewußtsein identifiziert, die in Wirklichkeit nicht dazugehören. Da sich der Introvertierte mit der »inneren Welt« in ihm selbst befaßt, ist er imstande, sehr deutlich zwischen seinem Ich-Bewußtsein und anderen psychischen Trieben und Kräften zu unterscheiden; und wenn er diesen Dingen großen Wert beimißt, dann glaubt er damit keineswegs sich selbst besonders hoch einzuschätzen. Das kann man oft sehr deutlich an Menschen sehen, die sich irgendeiner Partei oder einer Weltanschauung verschrieben haben. Ist so ein Mensch extravertiert, dann unterscheidet er überhaupt nicht zwischen sich selbst und der Idee, der er dient; und deshalb wird er auch jede Kritik oder jeden Angriff auf diese Idee als gegen ihn persönlich gerichtet empfinden. Eine introvertierte Person kann die Idee genauso heftig verfechten, nur wird sie dabei wissen, daß sie die Idee verteidigt und die Attacke nicht ihr persönlich gilt. Der introvertierte Mensch steht in gewisser Weise neben seinen inneren Trieben und Ideen und ist sich deshalb ihres Wesens, das sich von ihm selbst und auch untereinander unterscheidet, sehr viel mehr bewußt. Aus diesem Grund wird der Introvertierte auch stets, wenn es darum geht, Probleme des Handelns oder Verhaltens zu lösen, seine inneren Antriebskräfte, Prinzipien oder Motive gegeneinander abwägen. Der Extravertierte dagegen befaßt sich mehr mit den Meinungen der Leute um ihn herum und mit den verschiedenen Möglichkeiten, die ihm offenstehen.

Jede der vier Funktionen, die wir besprochen haben, kann sowohl introvertiert als auch extravertiert sein; allerdings neigt jedes Individuum dazu, eine spezielle Funktion meist auf die gleiche Art und Weise zu verwenden. Wenn jemand beispielsweise seine Denkfunktion besonders stark entwickelt hat, dann wird er sie entweder vorwiegend auf introvertierte Weise oder auf extravertierte Weise gebrauchen. Einen Menschen, der sich seiner dominanten Funktion auf introvertierte Weise bedient, kann man einen introvertierten Typus nennen; einer, der seine dominante Funktion auf extravertierte Art benutzt, ist ein extravertierter Typus. Wir sollten uns jedoch darüber im klaren sein, daß, egal welcher Typus ein Mensch ist, er durchaus bei manchen Gelegenheiten zur anderen Einstellung überwechseln kann. Gebraucht ein Mensch Funktionen, welche nicht die bei ihm dominanten sind, so wird er sie mit großer Wahrscheinlichkeit auch in entgegengesetzter Weise verwenden wie die bei ihm normalerweise dominanten. Der extravertierte Denk-Typus wird Fühlen wahrscheinlich introvertiert gebrauchen. Die Unterschiede zwischen den Typen können vielleicht durch ein paar Bemerkungen über die introvertierte Anwendung der vier grundlegenden Funktionen noch verdeutlicht werden.

Introvertiertes Denken Introvertiertes Denken befaßt sich meistens mit Ideen und ist dadurch gekennzeichnet, daß man sich nur wenig um die Beziehung zwischen Ideen und äußeren Gegenständen kümmert. Vielmehr sind dem introvertierten Denk-Typus innere Gliederung und Entwicklung einer Idee wichtig; und wenn er schon von der Art und Weise Notiz nimmt, in der solch eine Idee für irgendwelche Dinge zutrifft, dann geschieht das meistens, um die Idee einzuführen, und nicht, um mehr über die Funktionsweise der Dinge zu lernen. Ein solcher Mensch läuft leicht Gefahr, eine wissenschaftliche Theorie (zum Beispiel) viel weiter voranzutreiben, als es die Fakten eigentlich rechtfertigen. Der introvertierte Denker ist der geborene Mathematiker. Von einem Mathematiker des letzten Jahrhunderts wird folgende Geschichte erzählt: Er erfand eine äußerst komplizierte und undurchschaubare Rechenmethode; und als er ihr den letzten Schliff gegeben hatte, sagte er: »Das ist nun endlich ein reines Kunstwerk – von dem kein Physiker Gebrauch machen kann!«

Introvertiertes Fühlen Fühlen hat mit Werten zu tun, und wenn es introvertiert ist, dann befaßt es sich mit den Werten der inneren Welt. Die Dinge, die man durch Fühlen erfährt, sind anderen immer sehr schwer zu vermitteln, da unsere Sprache hauptsächlich von der Denkfunktion bestimmt wird. Werturteile der Gefühlsfunktion in bezug auf die innere Welt sind sogar doppelt schwierig mitzuteilen, weil man dabei nicht einmal auf die Dinge verweisen kann, die beurteilt werden. Folglich wird der introvertierte Gefühlstypus oft mehr beachtet wegen seiner negativen Gefühlsurteile über die äußere Welt als wegen seiner echten und tiefgründigen positiven Werturteile über die Dinge der inneren Welt. So ein Mensch gewöhnt es sich leicht an, sich einfach in seine eigene innere Welt zurückzuziehen. Trotzdem hat er einen wesentlichen Beitrag zu leisten; und wenn er spürt, daß ein anderer die inneren Dinge, die für ihn von allererster Bedeutung sind, ebenfalls zu schätzen weiß, dann kann er mitunter eine sehr enge Beziehung zu diesem Menschen eingehen.

Introvertierte Empfindung Nehmen wir einmal an, wir befinden uns in einer Kirche, und plötzlich fällt das Sonnenlicht durch ein buntes Glasfenster herein und bildet einen roten Flecken auf dem Fußboden. Ist unsere Empfindungsfunktion extravertiert, dann wird unsere Aufmerksamkeit auf das Fenster gelenkt, durch das das Licht ins Innere dringt, und wir bemerken dessen Farben und Muster; vielleicht bewundern wir auch den Lichtstrahl selbst. In einem Menschen jedoch, dessen Empfindung introvertiert ist, wird der rote Fleck wahrscheinlich irgendein inneres Bild, vielleicht das eines Blutfleckes, heraufbeschwören, und er wird mit einem Schaudern reagieren, wie es nur bei einer echten Blutlache angemessen wäre. Für den introvertierten Empfindungstypus hat das innere Bild Vorrang vor den äußeren Gegebenheiten. Was die Fakten einer Situation angeht, so wird er eher seine eigene Reaktion registrieren als bestimmte Merkmale der Dinge, die er gesehen oder gehört hat. Viele moderne Kunstwerke stellen einen durchdachten Versuch dar, die Merkmale der inneren Welt, so wie sie durch introvertierte Empfindung offenbart werden, nach außen hin deutlich zu machen.

Introvertierte Intuition Introvertierte Intuition reicht jenseits und hinter die Tatsachen, die introvertierte Empfindung über die innere Welt enthüllt. Man hält sich nicht bei dem Bild des Blutfleckes auf; die Gedanken dringen um vieles weiter vor, bis hin zum Blut der Märtyrer und zu den Problemen des Märtyrertums schlechthin. Oder wenn es um die eigene innere Reaktion auf irgendeine Situation geht, dann sieht der Mensch – sofern er sich der Intuition bedient – die verborgenen Gründe seiner Einstellung; er stößt zu den Impulsen und Trieben vor, die aus den Tiefen der Psyche aufsteigen, und auch zu den Zielen, auf die diese hinzuweisen scheinen. Dabei sollte man jedoch nicht vergessen, daß derjenige, der in wahrhaft introvertierter Weise handelt, dabei stets die Impulse und Triebe von seinem eigenen Ich zu unterscheiden und trennen vermag, d. h. er sieht diese als wirklich objektiv, als Dinge, die einem passieren, und nicht als Dinge, die man tut.

Extraversion

Die extravertierte Einstellung mißt den äußeren Gegebenheiten größte Bedeutung bei. Für einen extravertierten Menschen ist die Welt, in der er sich befindet, die wahre Realität. Seine Umgebung, seine Familie, die soziale Ordnung um ihn herum, die Ansprüche, die Personen und Dinge an ihn stellen – das ist es, was zählt, was das Leben lebenswert macht und womit man zu Rande kommen muß.

Wir kennen sehr viel mehr Menschen von außen als von innen, und das ist wahrscheinlich auch der Hauptgrund, warum wir bei Introversion und Extraversion ganz natürlich an die Reaktion eines Menschen auf seine Außenwelt denken. Am genauesten beobachten wir wohl die Reaktion eines Menschen auf uns selbst – wobei wir ja für die andere Person Bestandteil der Außenwelt sind. So gesehen, ist der introvertierte Mensch einer, der sich von äußeren Objekten zurückzieht, sie (besonders uns!) auf Distanz hält und sich weigert, allzu viel mit ihnen zu tun zu haben. Die extravertierte Person dagegen steht mit den Objekten ihrer Umwelt in Verbindung und versucht ständig, eine möglichst enge Beziehung zu diesen zu knüpfen. Sofern sie ins Extrem getrieben werden, sind beide Einstellungen gleichermaßen gefährlich. Bei extremer Introversion fehlt dem Menschen jeder Kontakt mit der Welt, in der er lebt; ihm geht der Bezug zu ihr ab, und er verliert sich in seiner eigenen Phantasiewelt. Bei extremer Extraversion wiederum verliert der Mensch seinen eigenen Standpunkt; er wird von anderen Menschen und Dingen vereinnahmt und nimmt die Farbe seiner Umgebung an, ganz gleich wie diese auch immer sei.

Extravertiertes Denken Wird die Denkfunktion in extravertierter Weise verwendet, dann werden Ideen in Verbindung mit Objekten als wertvoll erachtet, nicht jedoch um ihrer selbst willen. Der introvertierte Denker beschäftigt sich beispielsweise mit der Idee der Zahl an sich, während der extravertierte Denker die Zahl verwendet, um Objekte der äußeren Welt zu zählen und zu ordnen. Für den extravertiert denkenden Menschen sind Ideen im allgemeinen immer *nützlich*, d. h. sie sind die Instrumente, mit deren Hilfe er die Dinge, die ihn umgeben, beschreibt, in Beziehung zueinander setzt und kategorisiert. Der introvertierte Denker hält möglicherweise nach Objekten Ausschau, die zu seinen Ideen passen, der extravertierte Denker dagegen sucht nach Ideen, die mit seinen Objekterfahrungen übereinstimmen. Ferner schenkt der extravertierte Denker den Gedanken und Ideen solcher Leute Beachtung, die seiner Meinung nach Ansehen und Respekt verdienen, während der Introvertierte sich in erster Linie für die Ideen interessiert, ohne sich allzu viel um Status und Ansehen der Menschen, die diese Ideen haben, zu kümmern.

Extravertiertes Fühlen Menschen und Dinge, denen wir begegnen, bewerten wir mit Hilfe unserer Gefühlsfunktion, und zwar, indem wir diese extravertiert anwenden. Dabei bringen wir den Wert, den wir in der äußeren Welt vorfinden, aber nicht mit unserer inneren Reaktion in Zusammenhang (obwohl diese natürlich unser Urteil beeinflussen kann), sondern begreifen ihn vielmehr als einen Wert, den das äußere Objekt an sich besitzt. Ein Mensch, dessen Gefühlsfunktion extravertiert ist, knüpft leicht Kontakte zu anderen Leuten und paßt sich möglicherweise ohne bewußte Überlegung oder Anstrengung der Gefühlssituation seiner momentanen Umgebung an. In bezug auf Religion legt introvertiertes Fühlen besonderen Nachdruck auf die innerliche Komponente des religiösen Gefühls, während extravertiertes Fühlen zu einer Betonung kultischer Symbole und Rituale führt, und zwar derjenigen Symbole, die von anderen Mitgliedern der Gruppe als besonders wichtig erachtet werden.

Extravertierte Empfindung Man kann sich schwerlich vorstellen, daß jemand ohne die Anwendung extravertierter Empfindung in der Welt überhaupt überleben könnte; zumindestens nicht bei gewissen Gelegenheiten. Denn sie ist es, mit deren Hilfe wir die Dinge so zur Kenntnis nehmen, wie sie wirklich sind. Bedienen wir uns dieser Funktion in extravertierter Weise, so wird uns nicht nur die tatsächliche Anordnung der Dinge in unserer Umgebung bewußt, sondern wir nehmen auch den Zustand der Dinge wahr – die Lebensumstände im weitesten Sinn des Wortes. Zweifellos ist es von grundlegender Bedeutung, daß man in der Lage ist, die Dinge so zu sehen, wie sie tatsächlich sind; wird ein Mensch jedoch von extravertierter Empfindung beherrscht, dann besteht immer die Gefahr, daß er vom Verlauf des Geschehens vollkommen absorbiert und dadurch unfähig wird, sich von Dingen zu distanzieren und sie zu relativieren.

Extravertierte Intuition   Intuition befaßt sich ebenfalls mit Dingen, wie sie wirklich sind. Wenn diese Funktion extravertiert ist, dann unterscheidet sie sich von Empfindung dadurch, daß sie einem die innere Ursache äußerer Ereignisse sowie die darin enthaltenen Folgen für die Zukunft enthült. Empfindung konzentriert sich auf das Verhalten anderer Menschen, während Intuition deren Motive und die möglichen Auswirkungen ihres Verhaltens zu erforschen sucht.

Zwei Dinge sollte man stets bedenken: Erstens, verwendet man Empfindung in Verbindung mit der Denkfunktion, so kann man sich über Motive von Menschen oder die Ursachen von Ereignissen und deren mutmaßliche Konsequenzen ein Urteil bilden; man kommt also auf diesem Weg zu gleichen Erkenntnissen, wie sie die Intuition direkt vermittelt. Zweitens kann man sich auf die Empfindung nicht mehr verlassen als auf die Intuition, oder umgekehrt. Bedienen wir uns unserer Empfindungsfunktion, so können wir hinsichtlich des Zustandes der Dinge sehr wohl einem Irrtum erliegen; benutzen wir unsere Intuition, dann können wir uns in bezug auf die zugrundeliegenden Ursachen täuschen. Keine der Funktionen ist also genauer als die andere; sie beschäftigen sich nur mit verschiedenen Aspekten von Dingen.

Unbewußte Funktionen

Die Funktionen sind allesamt Funktionen des Menschen, d. h. jeder besitzt sie alle bis zu einem gewissen Grad. Nur werden eben im Lauf des Lebens eine oder auch mehrere zur »normalen« Funktion entwickelt, mit deren Hilfe wir unsere Einstellung zu unserer Umwelt und unser Verhalten in Beziehung zu ihr regeln. Ob wir mehr oder weniger extravertiert sind, hängt davon ab, ob die Funktionen, die bei uns besonders entwickelt sind, extravertierter oder introvertierter Natur sind. Da jeder Mensch alle Funktionen besitzt, sind diejenigen, die er nicht ausgebildet hat, unbewußt; und Jung vertritt die Ansicht, daß normalerweise bei bewußt entwickelten extravertierten Funktionen die unbewußten dafür introvertiert sind, bzw. bewußten introvertierten Funktionen unbewußte extravertierte gegenüberstehen.

Das bedeutet, ein Mensch, der gewöhnlich seine Denkfunktion in introvertierter Weise gebraucht, besitzt – im Unbewußten – die Neigung, seine Gefühlsfunktion extravertiert zu verwenden. Was nichts anderes heißt, als daß sich eine solche Person, wenn ihr Geist entspannt, nicht auf der Hut oder durch irgendeine Krise oder Schwierigkeit ausgeschaltet ist, wie ein extravertierter Gefühlstypus verhält. Da die unbewußte Funktion jedoch weniger entwickelt ist als bewußte Funktionen, wird sie meist auf sehr verworrene, ja sogar kindische Weise aktiv. Deshalb kann z. B. ein hervorragender Wissenschaftler, sobald es nicht um seine Arbeit geht, bemerkenswert unlogisch, ja manchmal sogar richtig einfältig sein – weil er dazu neigt, auf diesen nichtwissenschaftlichen Gegenstand eine seiner nicht entwickelten Funktionen anzuwenden.

Der introvertierte Denktypus läuft Gefahr, wenn er nicht aufpaßt, von extravertierten Gefühlen mitgerissen zu werden. Das kann beispielsweise bedeuten, daß er trotz klarer, präziser und auch origineller Gedanken den Hang hat, sich äußere Werturteile von Leuten, mit denen er zusammenlebt, ohne die mindeste ernsthafte Überlegung einfach zu eigen zu machen. Der extravertierte Intuitive wiederum läuft Gefahr, von inneren Bildern und Ideen, die ihm durch seine wenig entwickelte introvertierte Empfindung aufgezeigt wurden, besessen zu werden. Manchmal geschieht es, daß ein Mensch, der in seinem Leben einen schweren Rückschlag erlitten hat, seine entwickelte, bewußte Funktion aufgibt und sich von nun an voll auf eine bis dahin unentwickelte Funktion verläßt. So etwas führt nicht selten zu Besessenheit und Fanatismus – und erklärt wahrscheinlich einige der wahrhaft unschönen Phänomene, die im Zusammenhang mit religiöser oder politischer Konversion auftreten.

Unser eigener Typus

Es ist sicher nützlich, eine Ahnung davon zu haben, welcher psychologische Typus man selbst ist; nur ist die Antwort auf diese Frage nicht immer einfach zu erhalten. Ein Grund hierfür ist, daß sich nur wenige Menschen ausschließlich auf eine Funktion verlassen und daß die meisten einmal extravertiert, einmal introvertiert sind. Manche sind extreme Typen, andere wiederum nicht; manche verwenden nur eine Funktion, andere zwei oder drei. Meistens ist es einfacher, sich selbst zu fragen, welche Funktion man am wenigsten gebraucht, und nicht, welche am häufigsten. Wer beispielsweise von reinem Faktenwissen wenig hält und der Ansicht ist, daß es unnütz und witzlos ist, nur den simplen Verlauf der Dinge zu kennen, ohne das Wie und Warum, so jemand hat eine sehr wenig entwickelte Empfindungsfunktion, wogegen die Intuition wahrscheinlich zu seinen ausgeprägten Funktionen gehört.

Unser eigener Typus beeinflußt auch die Art und Weise, wie wir die verschiedenen Typen beschreiben, und deshalb mag es dem Leser vielleicht helfen, wenn hier die in die vorangegangene Darstellung eingeflossenen persönlichen Wertungen aufgezeigt werden: Intuition, gleichgültig, ob introvertiert oder extravertiert, scheint eine wesentliche und höchst wertvolle Funktion zu sein, da es (d. h. dem Autor – wobei, wie gesagt, unsere eigenen Werturteile nicht auch notwendigerweise für andere richtig sind) immer wichtig ist, hinter das äußere Erscheinungsbild der Dinge sehen zu können, egal ob diese Bestandteil der äußeren oder inneren Welt sind. Auch introvertiertes Denken ist wohl eine bedeutende Funktion; die Fähigkeit, die Ideen in seinem Inneren zu ordnen und zu relativieren ist eigentlich immer erstrebenswert. Extravertiertes Denken dagegen mutet uns ziemlich dumm und albern an und ist offensichtlich an reine Fakten gebunden. Noch einfältiger allerdings wirkt auf uns Empfindung, introvertiert oder extravertiert; denn hierbei wird ja nichts weiter getan, als das Vorhandene registriert, ohne daß dieses Tun darüber hinaus noch irgendeinen speziellen Wert besäße – sicher ist auch das nötig, aber es bringt einen nicht sehr weit. Fühlen scheint uns wiederum äußerst wertvoll zu sein, besonders in introvertierter Form, aber man kann nur sehr schwer richtig verstehen, wie es funktioniert oder wie man ihm in der eigenen Persönlichkeit eine führende Rolle einräumen kann.

Das soeben Gesagte ist rein persönlicher Natur und wurde hier niedergeschrieben, um dem Leser die Möglichkeit zu geben, eventuelle Einseitigkeiten der vorangegangenen Darstellung zu korrigieren – obwohl eine solche Korrektur ja soeben zu einem gewissen Grad durchgeführt wurde. Man kann nicht oft genug darauf hinweisen, daß, ganz gleich welcher Typus wir selbst sind, *alle* Funktionen ihren eigenständigen Wert besitzen und daß es von entscheidender Bedeutung ist, daß eine jede Funktion von einigen Menschen als ihre entwickelte, dominante Funktion gebraucht wird. Dem Autor erscheint Empfindung als töricht, einem Empfindungstypus dagegen wird Intuition wertlos vorkommen, so, wie ungerechtfertigtes Herumrätseln, das vielleicht ab und zu einmal ins Schwarze trifft. Keiner von uns kann den Funktionen, die er selbst nicht entwickelt hat, jemals ihren vollen Wert zuerkennen.

7. Psychische Entwicklung

Lernbereitschaft

Jeder Lehrer weiß, daß die Lernfähigkeit langsam Schritt für Schritt entwickelt werden muß, damit der Schüler auch bereit ist, das, was man ihn lehrt, aufzunehmen. Deshalb muß jede Erklärung mit bereits vertrauten Begriffen beginnen und neues Wissen stets mit vorhandenem in Verbindung gebracht werden. C. G. Jung führt ein sehr interessantes Beispiel dafür an, wie Dinge, für die ein Mensch noch nicht reif ist, an diesem einfach vorübergehen. Die Eltern eines kleinen Mädchens erzählten ihrer Tochter verschiedenes über Empfängnis und Geburt ihres kleinen Brüderchens, denn diese Probleme beschäftigten und plagten das Kind. Ihre jüngere Schwester hörte diese Erklärungen mit an und schien durchaus zu verstehen, worum es ging – ja, sie beteiligte sich sogar selbst an dem Gespräch. Später jedoch stellte sich heraus, daß die jüngere Schwester die Ausführungen überhaupt nicht aufgenommen hatte und man ihr, als sie etwas älter war, alles noch einmal erklären mußte.

Zu jedem Zeitpunkt gibt es verschiedene Dinge, für die wir reif sind, und andere, die wir noch nicht verstehen können. Außerdem scheinen wir Grenzen zu haben, jenseits derer wir überhaupt nichts begreifen können; es ist z. B. zweifelhaft, ob jeder Mensch dazu fähig ist, in die höheren Regionen der Mathematik vorzustoßen, selbst wenn er langsam und sorgfältig in die Materie eingeführt wird. Wahrscheinlich erreichen nur wenige Leute jemals ihre absolute Wissensgrenze, aber trotzdem gibt es Anzeichen dafür, daß solche Grenzen existieren und daß sie von Individuum zu Individumm verschieden sind. Es ist, als ob jeder Mensch eine potentielle Lernkapazität besäße, die er voll ausnützen kann oder auch nicht. Und das gleiche gilt auch für die psychische Entwicklung im allgemeinen: Der Spielraum und die Intensität möglicher Erfahrung, die Reichweite von Gedanken, die Tiefe von Gefühlen, intuitives Verstehen und klare Einsicht in die Welt – was von alledem für einen Menschen möglich ist, das variiert von Person zu Person; und in jeder Richtung sind Grenzen gesetzt. Freilich weiß niemand mit irgendeiner Gewißheit, wo seine Grenzen sind, auch nicht, wo die eines anderen liegen, aber dennoch kann es als ziemlich sicher gelten, daß derartige Grenzen existieren.

Die psychische Entwicklung eines Individuums kann von zwei Standpunkten aus betrachtet werden. Zum einen können wir uns mit der intensiven Entwicklung und Ausbildung einer ganz speziellen Fähigkeit befassen. In unserem modernen Leben ist uns das durchaus geläufig: Ein Mensch wird ein hervorragender Techniker, ein anderer ein Spezialist in irgendeiner Wissenschaft, ein dritter Künstler, ein vierter Manager usw.; und es ist eine bekannte Tatsache, daß viele Spezialisten über Themen, die außerhalb ihres Fachbereichs liegen, nur sehr unzulänglich Bescheid wissen. In die Begriffe gefaßt, die wir bisher verwendet und behandelt haben, heißt das: Eine oder mehrere dominante Funktionen werden auf Kosten der übrigen ausgebildet, wobei versucht wird, diese Entwicklung der dominanten Funktion bis zu ihrer Grenze zu treiben. Der eine braucht ein Leben lang, um eine oder zwei Funktionen auszubauen, während ein anderer die Grenze möglicher Entfaltung seiner dominanten Funktion oder Funktionen vielleicht sehr schnell erreicht. Die zweite Möglichkeit, sich mit der psychischen Entwicklung zu befassen, besteht darin, den entwickelten Spielraum der Funktionen zu untersuchen und nicht den Grad, bis zu dem jede einzelne Funktion ausgebildet wurde. Das heißt freilich nicht, daß alle vier Funktionen gleichmäßig entwickelt sein müssen, da wahrscheinlich die Grenzen möglicher Entwicklung für die verschiedenen Funktionen ein und desselben Individuums variieren; aber wie man eine Fähigkeit in einer bestimmten Richtung ausbilden kann, so kann man auch den Spielraum bzw. Horizont seines Wissens und Verstehens erweitern.

Jung spricht vom Gegensatz dieser beiden Entwicklungsarten und verwendet leider einen ziemlich unglücklichen Ausdruck, um die Entwicklung einer Funktion auf Kosten der übrigen zu bezeichnen: Er nennt es »Streben nach Perfektion«, während er den Versuch, alle Funktionen ins Spiel zu bringen, als »Streben nach Vervollkommnung« bezeichnet. Er verwendet diese Begriffe besonders in bezug auf den moralischen und religiösen Bereich; seiner Meinung nach streben nämlich Moral und Religion nach »Perfektion« (d. h. der vollkommenen Entwicklung ausgewählter Tugenden) auf Kosten der »Vervollkommnung« (d. h. der vollen Anwendung unseres gesamten Wesens). Diese Begriffe sind etwas unglücklich, weil »perfekt« eigentlich »vollkommen gestaltet oder gemacht« bedeutet und so durchaus auf das angewendet werden könnte, was Jung »Vervollkommnung« nennt.

Das Unbewußte als Ursprung

Das menschliche Bewußtsein wird durch das Unbewußte im Gleichgewicht gehalten und vervollständigt. So erscheint es uns zumindest vom Standpunkt unserer bewußten Existenz aus. Jedoch in der Entwicklung der Menschheit (und des Kindes) war psychisches Leben bereits vorhanden, bevor das Bewußtsein ausgebildet war. Mit anderen Worten, das Bewußtsein hat sich aus einem vorangegangenen unbewußten Zustand heraus entwickelt. Man kann sich bildlich vorstellen[1], daß das Unbewußte ursprünglich alle Möglichkeiten zukünftiger Entwicklung enthielt, und zwar so, daß diese untereinander »ausgeglichen« waren. In diesem unbewußten Stadium, so nehmen wir an, geschieht gar nichts, da ein jedes Element mit seinem Gegenteil verknüpft ist und die Gegensätze sich gegeneinander aufheben. Diese Bindung von Gegensätzen könnte man folgendermaßen darstellen:

Die Linie, die die beiden Kreise verbindet, verkörpert das Band, das die Gegensätze zusammenhält, und die Pfeile stehen für ihr gegenseitiges Abstoßen. Solange Gegensätze derart miteinander verknüpft sind, herrscht keinerlei psychische Aktivität. Erst wenn das Band zerstört wird, kann eines der beiden gegensätzlichen Elemente wirksam werden. Reißt das Band, dann »steigt« das eine psychische Element ins Bewußtsein auf, während das andere im Unbewußten verbleibt.

[1] Was folgt, ist eine Art psychologischer »Mythos«; man sollte diese Darstellung keinesfalls als »wissenschaftlich« betrachten.

Es ist gewiß nicht schwierig, in etwa herauszufinden, wie dieser Dynamismus im täglichen Leben funktioniert. Nehmen wir einmal an, wir müssen eine relativ unbedeutende Entscheidung treffen, z. B. ob wir ins Kino gehen oder nicht. Wir zögern erst, treffen dann unsere Entscheidung, und sobald wir das getan haben, fallen uns alle möglichen Gründe ein, warum wir das, wofür wir uns soeben entschieden haben, doch lieber nicht tun sollten. Bei kleinen Belanglosigkeiten ist das unwichtig und bereitet keinen allzu großen Ärger, bei größeren Entscheidungen kann das jedoch sehr schwerwiegend sein. Ist jemand beispielsweise zu einem anderen religiösen Glauben übergetreten, so dauert es nie sehr lange, bis die »Gegenseite« wach wird, und dieser Mensch dann wahrscheinlich von allen möglichen Zweifeln und Nöten geplagt wird. Kann er das durchstehen und auch die Werte dieser »anderen Seite« anerkennen, ohne daß sein Glaube dadurch zerstört wird, dann wird sein Glaube nachher um so stärker sein. Wahrscheinlicher ist allerdings, daß der Mensch Angst davor hat, sich derart beunruhigende Gedanken einzugestehen. Eine solche Angst aber bedeutet Verdrängung der unbewußten Elemente; und nur zu oft verschließen sich Konvertierte auf diese Weise der anderen Seite. Daher auch ihr Hang zum Fanatismus – Fanatiker sind eben Menschen, die sich allen Zweifeln und Schwierigkeiten verschließen, weil sie es sich nicht leisten können, von diesen überhaupt Notiz zu nehmen.

Legen wir diese Ideen zugrunde und verwenden das Symbol der Verknüpfung von Gegenteilen auch für die Verbindung von Elementkomplexen und Einzelelementen, dann können wir den ursprünglichen unbewußten Zustand etwa folgendermaßen abbilden:

Das ganze muß man sich natürlich in unendlicher Fortsetzung vorstellen. Warum irgend etwas diesen uranfänglichen Frieden stören
sollte, wissen wir nicht. Aber wenn sich Bewußtsein aus solch einem
Urzustand entwickeln soll, dann müssen wir annehmen, daß irgendwie und irgendwo das Band, das die Gegenteile zusammenhält,
zerrissen wird und Elemente dieser oder jener Art bewußt werden.

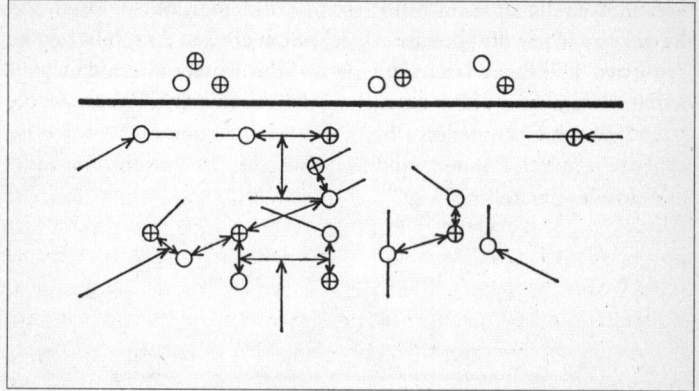

Synthese und Disintegration

Die bewußte Persönlichkeit eines Menschen ist eine Synthese psychischer Elemente; d. h. die Elemente, die diese Persönlichkeit ausmachen, sind derart miteinander verbunden, daß sie einander verstärken; und damit das möglich ist, übernehmen einige die
Vorherrschaft über die anderen. Kollidiert beispielsweise der
Wunsch nach Vergnügen mit der Pflicht, das Wohl der anderen mit
dem eigenen Interesse, Ehrlichkeit mit der Chance auf Gewinn
usw., dann müssen wir normalerweise diese Fragen nicht bei jeder
Gelegenheit neu entscheiden. Vielmehr tendieren die meisten Menschen dazu, dieser oder jener Neigung den Vorrang einzuräumen (d.
h. den größeren Wert beizumessen) und danach auch konsequent zu
handeln. Bei dem einen können wir uns darauf verlassen, daß er
Pflicht über Vergnügen stellt, ein anderer dagegen vernachlässigt
seine Pflicht ständig auf der Suche nach Zerstreuung; einer ist
selbstsüchtig, ein zweiter denkt stets zuerst an andere; ein Mensch
tut alles, um an Geld zu kommen, ein anderer ist immer ehrlich usw.

Das heißt freilich nicht, daß es niemals einen Konflikt gibt; ein solcher kann z. B. entstehen, wenn einem sonst immer ehrlichen Menschen für eine kleine Unehrlichkeit ein großer Gewinn geboten wird oder wenn der eigene Vorteil die bei einem altruistischen Menschen gewöhnlich vorhandene Sorge für andere überwiegt. Der Hang der Menschen, besonderen Neigungen und Einstellungen mehr Wert beizumessen als anderen, bedeutet nur, daß diese Neigungen und Einstellungen für die meisten Absichten wichtiger zu sein scheinen als andere. Das Bewußtsein ist eine wohlgeordnete Hierarchie psychischer Elemente; und die Synthese der psychischen Elemente, die sich von ihren Gegenteilen »losgerissen« haben und ins Bewußtsein aufgestiegen sind, können wir durch eine einfache Verbindungslinie, ohne Pfeile, darstellen:

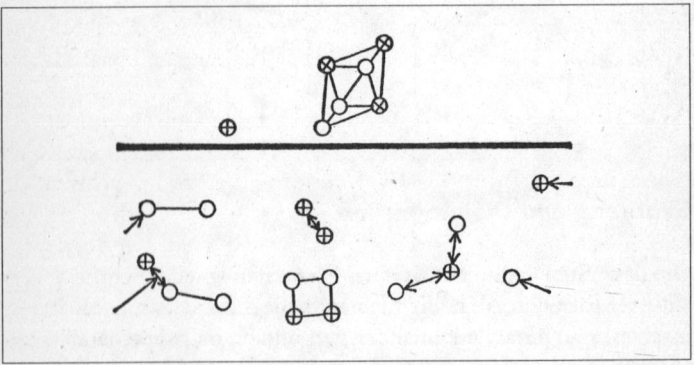

Nicht alle bewußten Elemente werden in die Synthese, die man für sein »Selbst« hält (den »Ich-Komplex«), mit aufgenommen. So wie sich die »losen« bewußten Elemente zu einem Komplex zusammenschließen, so tun dies auch ihre Gegenteile im Unbewußten. Und dieser Vorgang setzt sich im Unbewußten ständig fort, wobei der eine oder andere Komplex mitunter selbst genügend Energie für sich sammelt, um den dominanten bewußten Komplex »herauszufordern«; d. h. der unbewußte Komplex bekommt womöglich direkten und ungehinderten Einfluß auf das Verhalten des Individuums:

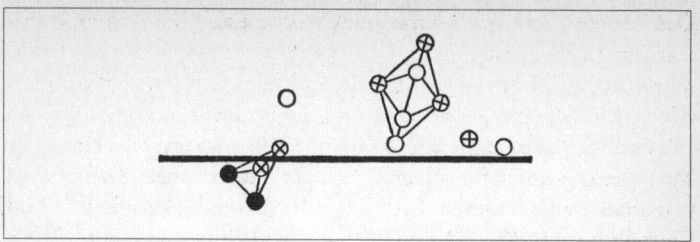

(Weiß und Schwarz repräsentieren »gut« und »böse«, vom Standpunkt des dominanten bewußten Komplexes aus gesehen. Das Unbewußte ist natürlich noch immer voller Elemente und Gruppierungen, die hier nicht abgebildet sind.)

Die bewußte Synthese ist das, was der Mensch für sein »Selbst« hält, und das bedeutet, daß er ein berechtigtes Interesse an einer Fortdauer der Synthese in ihrer jetzigen Form hat. Bilden die aus dem Unbewußten aufsteigenden Elemente eine ernste Gefahr für den Fortbestand der Synthese, dann wird er bestrebt sein, sich diesen Elementen zu widersetzen.

Die Tendenz, sich jeder Art von gewaltsamer Veränderung des eigenen Charakters und der eigenen Persönlichkeit zu widersetzen, ist ganz natürlich und sehr wichtig. Denn ohne dieses Streben liefen wir Gefahr, unsere Persönlichkeit von Tag zu Tag zu wandeln, bis wir am Ende gar nicht mehr sicher wären, wer oder was wir überhaupt sind. Gleichzeitig bringt dieses Verhalten aber auch ernsthafte Nachteile mit sich, denn es bedeutet, daß wir nicht sonderlich bereit sind, neue psychische Elemente, die aus dem Unbewußten nach oben kommen, aufzunehmen. Wie wir gesehen haben, sind die aktivsten und am meisten energiegeladenen Elemente im Unbewußten diejenigen, die unseren bewußten Ideen entgegengesetzt sind; das heißt aber, daß es gerade die Ideen sind, die mit wohl größter Wahrscheinlichkeit die Synthese, die unser Ich-Bewußtsein darstellt, aufbrechen. Es scheint nun sehr viel befriedigender, wenn wir unsere bewußten Ideen weiterentwickeln, anstatt neue Ideen aufzugreifen, die jenen zu widersprechen scheinen. D. h. wir nehmen lieber solche zusätzlichen Elemente aus dem Bewußtsein oder dem Unbewußten in die Synthese auf, die denjenigen, die bereits zur dominanten Synthese gehören, verwandt und nicht entgegengesetzt sind. Allerdings gibt es eine Grenze, über die eine derartige Entwicklung nicht hinausgehen kann, und deshalb muß sich die bewußte Synthese früher oder später doch der opponierenden Synthese, die aus dem Unbewußten aufsteigt, stellen:

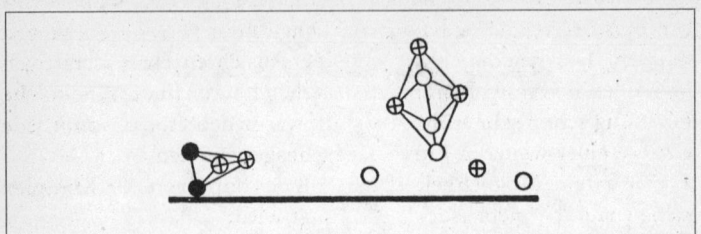

Was als nächstes geschieht, hängt von der Reaktion und Stärke der bewußten Synthese ab. Es gibt eine Reihe von Möglichkeiten.

Die Bedrohung der bewußten Stabilität kann so groß sein, daß sich der ursprüngliche bewußte Komplex gegen jede mögliche Änderung »abkapselt«, d. h. er errichtet eine dicke Mauer um sich herum und stößt alles andere ins Unbewußte zurück, verdrängt es also:

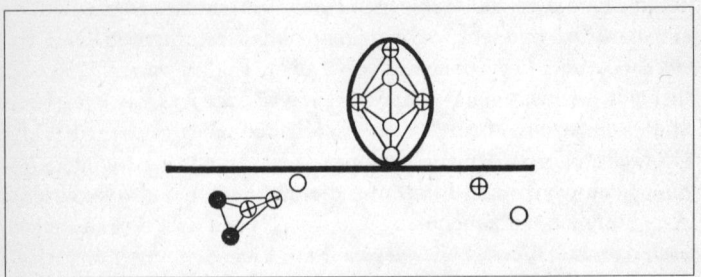

Dies garantiert zwar die Vorherrschaft und Sicherheit der ursprünglichen bewußten Persönlichkeit, führt aber zu einer gewissen Schwerfälligkeit. Die Folge ist ein verschlossener Geist, denn man hat sich seinen Charakter nach eigenen Belieben geschaffen und glaubt nicht, daß irgendeine Änderung eine Verbesserung darstellen könnte. Ein Mensch, der sich so verhalten hat, schützt seine bewußte Synthese auf jede nur erdenkliche Art und Weise und läßt nicht zu, daß neue Ideen oder Einstellungen sie auch nur im geringsten behelligen. Er erweckt den Anschein, eine ausgeglichene, durch und durch konsequente Person zu sein, die über sich selbst Bescheid weiß. Die Mühe jedoch, die er (unbewußt) aufwendet, um seine bewußte Synthese zu beschützen, legt allerdings den Schluß nahe, daß diese Synthese in Wirklichkeit äußerst unstabil ist und wahrscheinlich zerstört würde, sobald neue Dinge ihren Zutritt erzwingen würden. Die Persönlichkeit und die Ansichten eines derartigen Menschen sind festgefahren. Bei manchen Leuten findet eine solche Fixierung schon sehr frühzeitig statt, was bedeutet, daß somit jede Chance einer weiteren Entwicklung ausgeschlossen ist.

Eine zweite Möglichkeit ist die, daß der opponierende Komplex »eingemauert«, nicht jedoch verdrängt wird:

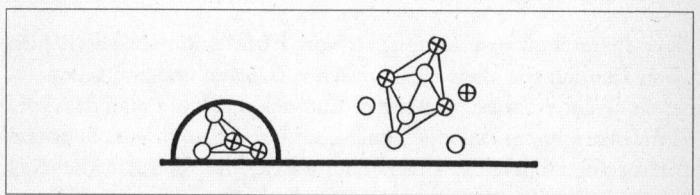

Dies erlaubt eine Weiterentwicklung der bewußten Persönlichkeit, allerdings nicht in Richtung auf die Ideen und Einstellungen, die den eingemauerten Komplex ausmachen; das bedeutet aber, daß ein Bereich bewußter Aktivität existiert, wo der dominante Komplex nichts ausrichten kann. Mit anderen Worten, jemand, der ein kleines Stück seines bewußten Selbst auf diese Weise abgekapselt hat, tut Dinge, die er bedauert, von denen er auch weiß, daß er sie tut, gegen die er aber trotzdem nichts unternehmen kann. Er hat praktisch eine Art »Dorn« in der Psyche. Das mag etwas sein, was er für eine Gewohnheitssünde oder ein ähnliches Laster hält oder für einen schwarzen Teufel, der manchmal geweckt wird, oder für eine Stimmung der Verzweiflung, in die er ab und zu verfällt. Was immer es ist, stets ist es etwas, womit sich sein normales Bewußtsein nicht zu beschäftigen wagt. So eine Situation kann man nur erdulden, denn es gibt keine Möglichkeit der Heilung, solang der Mensch nicht imstande ist, die Möglichkeit einer Charakterveränderung ins Auge zu fassen, die diesem jetzt abgekapselten Komplex einen wirkungsvollen Platz einräumen würde.

Drittens kann der opponierende Komplex derart stark sein, daß er das ursprüngliche, dominierende Bewußtsein überwältigt, ins Unbewußte abschiebt und selbst seinen Platz einnimmt.

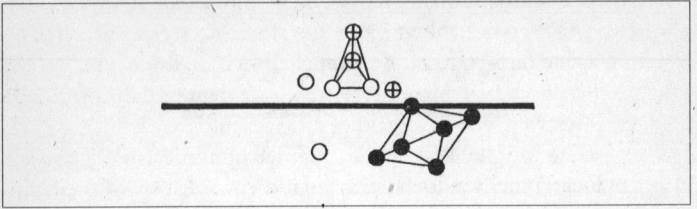

Das scheint bei manchen Fällen von Konversion zu geschehen, wenn nämlich alle alten Denkweisen verworfen und alte Gewohnheiten verändert werden. Als eine Entwicklung kann man das wohl kaum bezeichnen; es ist viel eher eine Umkehrung. Aus der Sicht unserer augenblicklichen Darstellung ist es nur eine Rückkehr zu dem früheren Zustand, als sich erstmalig im Bewußtsein ein Komplex formte.

Neben diesen Konstellationen, in denen die beiden Komplexe getrennt und einander entgegengesetzt bleiben, gibt es noch eine weitere Möglichkeit: Der dominante Komplex behauptet sich, indem er sich weder vor dem Gegensatz abschirmt noch von diesem überwältigt wird.

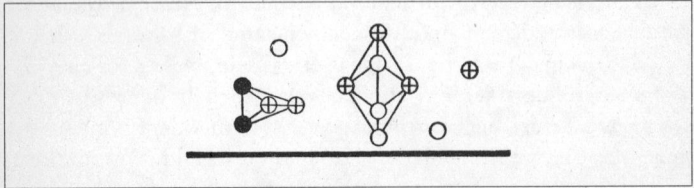

Dies würde bedeuten, daß man an seinem bestehenden Standpunkt, seinen Ideen und Einstellungen festhält und trotzdem die Existenz anderer, entgegengesetzter Ideen und Einstellungen, die schließlich ja auch die eigenen sind, anerkennt. Während man also zunächst seine bisherigen Ansichten beibehält, stellt man fest, daß diese weder so endgültig noch so dauerhaft sind, wie man ursprünglich angenommen hatte. Einen solchen Zustand aufrechtzuerhalten, ist gewiß nicht gerade einfach; aber wenn dies nur lange genug geschieht, dann findet früher oder später ein Zusammentreffen der beiden Komplexe statt, was die Sprengung beider zur Folge hat.

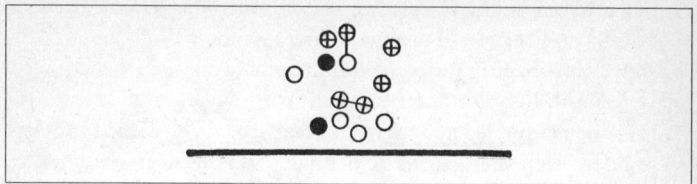

Wie das Diagramm bereits vermuten läßt, erwächst hieraus ein Zustand der Verwirrung, der durch Zweifel und Ungewißheit gekennzeichnet ist. Während er andauert, verhält sich der Mensch möglicherweise widersprüchlich, und seine Ideen sind etwas verschwommen und wirr, bis sich dann schließlich aus diesem Durcheinander eine neue Organisation des Bewußtseins herausbildet, die von jedem der entgegengesetzten Komplexe etwas aufgreift.

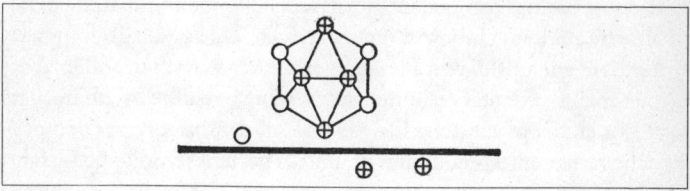

Natürlich beginnt sich im Unbewußten nun ein neuer Gegenkomplex zu formieren.

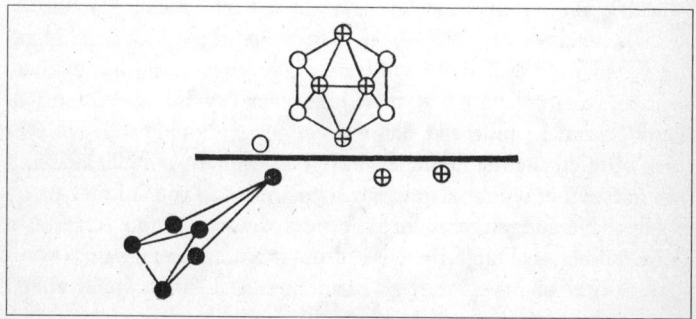

Und der ganze Prozeß fängt von vorne an.

Alle diejenigen, die sich ernsthaft für Psychotherapie interessieren, und nicht nur die, neigen zu der Anschauung, daß kontinuierliche Entwicklung das beste und richtige sei; und für solche Menschen ist es das wohl auch. Mit dieser Einstellung sind jedoch oft eine grundlos überhebliche Haltung und der Glaube verbunden, daß die Person, die frühzeitig feste Gewohnheiten ausbildet, irgendwie etwas versäumt. In bestimmter Hinsicht trifft das zweifellos zu – nur gilt das ebenso für jeden anderen Lebenslauf. Wer nicht festgelegt ist, sondern sich sein ganzes Leben lang ständig weiterentwickelt, dem entgehen die positiven Seiten einer frühen Fixierung. Und wer kann schon sagen, daß das eine besser ist als das andere? Jung bemerkt, daß es einige (glückliche?) Menschen gibt, denen sich nie Fragen hinsichtlich des Sinns ihres Lebens und ihrer eigenen Entwicklung stellen; und er fügt hinzu, daß, wenn die Frage nicht gestellt wurde, auch keine Notwendigkeit bestehe, sie zu beantworten!

Die bewußte Synthese, die einem Menschen seinen Charakter gibt, wird häufig von neuen Ideen, Einstellungen und Bildern bedroht, die aus dem Unbewußten aufsteigen. Uns beschäftigt nun die Frage, wie wir uns diesen Dingen gegenüber verhalten sollen. Verdrängt man sie, dann behält man zwar seine bewußte Synthese, verliert jedoch die psychische Energie, die in den opponierenden psychischen Elementen gebunden ist, und es besteht ständig die Gefahr, daß diese, obwohl sie verdrängt wurden, genügend psychische Energie sammeln können, um unser Leben ganz empfindlich zu stören. Wollen wir mit diesen neuen Elementen etwas anfangen, d. h. sollen sie in unserem Leben eine nützliche Rolle spielen, dann müssen wir sie als erstes anerkennen: Und eben diese Notwendigkeit, die Elemente, die dem Bewußtsein entgegengesetzt sind, anzuerkennen, ist ein wichtiger Aspekt Jungscher Psychologie. Jung will damit aber nicht andeuten, daß wir Neigungen, die uns als schlecht oder böse erscheinen, einfach nachgeben sollen; auf der anderen Seite besteht er jedoch darauf, daß wir weder so tun sollten, als ob es solche Neigungen gar nicht gäbe, noch diese als lästige Ärgernisse abtun sollten, als Dinge, die wir nur unter Kontrolle zu halten brauchen, weiter nichts. Derartige Elemente anerkennen, heißt zuerst einmal einsehen, daß sie wichtige Bestandteile unserer gesamten psychischen Natur sind, und zweitens bereit sein, ihnen im Leben eine gewisse Rolle einzuräumen. Wichtig ist, daß man sie weder abtut noch glaubt, sie könnten ohne eine Änderung des eigenen Charakters irgendwie ins Bewußtsein eingepaßt werden.

Das eigentliche Problem ist nicht so sehr, welche Einstellung wir zu den Dingen einnehmen sollen, die unserer bewußten Synthese entgegenstehen, sondern vielmehr, welche Einstellung wir zu der Synthese selbst haben. Sind wir nämlich ganz und gar mit uns selbst zufrieden, so wie wir sind, und glauben nicht, daß irgendeine Änderung in unserer psychischen Natur eine Verbesserung bringen könnte, dann werden wir wahrscheinlich nicht mit den Dingen zurechtkommen, die unsere bewußte Synthese bedrohen. Wollen wir diese Dinge jedoch anerkennen, dann ist Bereitschaft zur Veränderung die erste Voraussetzung. Wir müssen bereit sein, unserer Persönlichkeit zu ermöglichen sich aufzulösen, um sich anschließend in der Weise wieder zu formieren, daß die neuen Dinge in eine neue und umfassendere Synthese mit einbezogen werden. Nehmen wir z. B. an, ein Mann hat sich ganz und gar irgendeiner wissenschaftlichen Arbeit verschrieben und hat sich daran gewöhnt, sogar Vergnügungen und Freundschaften aufzugeben, nur um seine volle Aufmerksamkeit der Arbeit widmen zu können. Wenn solch ein Mann sich nun zu einer Frau hingezogen fühlt, dann scheint es ihm, als ob diese neue Einstellung seine gewohnte Lebensweise und selbst seinen Charakter gefährden könne. Bisher hat er sich selbst für einen Menschen gehalten, der von ganzem Herzen seiner Arbeit zugetan ist; jetzt jedoch bemerkt er auf einmal, daß – sofern er die neue Erfahrung ernst nimmt – die Frau zu einer echten Rivalin für seine Arbeit werden wird, weil auch sie seine Zeit und seine Aufmerksamkeit in Anspruch nimmt. Um seine Beziehung zu der Frau weiterzuentwickeln, wird der Mann von Charaktereigenschaften Gebrauch machen müssen, die sich von denjenigen, die er für die Ausübung seiner wissenschaftlichen Tätigkeit ausgebildet hat, ziemlich unterscheiden; d. h. er wird auf Gefühle und Emotionen zurückgreifen müssen, die er bisher stets als Dinge verachtet hat, die seine selbstgewählte Lebensweise nur stören könnten. All das bedeutet, daß der Mann mit sich selbst kämpfen muß: Entweder muß er sein gewohntes Leben aufgeben und sich eingestehen, daß es selbst für ihn noch etwas anderes gibt als nur Hingabe an die Wissenschaft – was bisher immer sein Ideal gewesen war –, oder aber, er muß die neue Seite seines Wesens ablehnen und die Frau (wahrscheinlich) ebenso.

Das Problem, dem ein Mensch in solch einer Situation gegenübersteht, ist: Wird er imstande sein, die bestehende Synthese seines bewußten Geistes aufzugeben? Gelingt ihm das, dann kann er die neuen Einstellungen und Ideen anerkennen, die durch seine Beziehung zu der Frau heraufbeschworen wurden. Was nun freilich nicht heißt, daß er seinen alten Charakter und seine alte Lebensweise aufgeben müßte; denn das käme einem bloßen Umschwung »zur anderen Seite« gleich. Es bedeutet vielmehr, daß er zu seinen alten Verhaltensweisen neue hinzulernen wird, obwohl zwischen alt und neu ein Konflikt zu bestehen scheint. Ist der Mensch dazu in der Lage, dann werden die neuen Ideen und Einstellungen allmählich so weit entwickelt, daß die für ihn die gleiche Bedeutung bekommen wie die alten; und genau an diesem Punkt wird sich die alte Synthese auflösen, damit eine neue, umfassendere gebildet werden kann. Geschieht das (d. h. ist der Mann fähig, jetzt keine zwei getrennten Leben zu führen, indem er mal den einen, mal den anderen Aspekt seines Charakters auslebt), dann wird er eine vollkommenere Entwicklungsstufe erreichen, die nicht nur all das einschließt, was seinen früheren Charakter ausmachte, sondern auch die neuen Elemente, derer er sich gar nicht wirklich bewußt war.

Diejenigen, die sich ihr ganzes Leben lang weiterentwickeln, werden ständig mit der Formation und Auflösung bewußter Synthesen konfrontiert. Dieser Prozeß endet vielleicht nie, denn im Unbewußten ist immer noch mehr vorhanden, das sich in Richtung Bewußtsein hinaufarbeiten kann. Der Aufbau solcher Synthesen ist selbstverständlich keine bewußte und vorsätzliche Tätigkeit; er ist vielmehr etwas, das im Lauf der Zeit, so wie sich die Ideen im Bewußtsein entwickeln, geschieht. Allerdings besitzen wir ein gewisses Maß an bewußter Kontrolle darüber, denn wir können uns weigern, von neuen Ideen, die aus dem Unbewußten heraufkommen, Notiz zu nehmen. Das ist beispielsweise bei denjenigen der Fall, die sich jedem Gespräch über Psychotherapie und über das Unbewußte widersetzen. Es klingt zwar so, als ob sie ganz willkürlich über etwas hinweggehen würden, über das sie nicht nachdenken wollen, aber in Wirklichkeit verteidigen sie ihren eigenen bewußten Standpunkt gegen neue Ideen aus dem Unbewußten. Vielleicht wird ihnen das nicht so ganz deutlich, aber auf jeden Fall spüren sie, daß das Unbewußte gefährlich und sogar böse ist. Womit sie unter Umständen auch recht haben, weil sie wohl nicht imstande wären, neue Dinge aus dem Unbewußten anzuerkennen, ohne sich selbst vollkommen zu zerstören.

Die Annahme der neuen Dinge, die aus dem Unbewußten kommen, ist nicht einfach. Denn erstens sind es meist Dinge, die uns so trivial, albern oder auch böse erscheinen, daß schon allein der Gedanke an eine Anerkennung unser Moralempfinden verletzen würde; zum anderen passen sie nicht in unser gegenwärtiges Bild von uns selbst, und wir riskieren nicht gern seine Zerstörung; drittens dürfen wir sie niemals unkritisch bejahen. Wenn wir uns selbst nämlich so weit bringen, daß wir unseren Widerstand gegen diese Dinge überwinden, dann laufen wir Gefahr, unsere ursprüngliche bewußte Einstellung ganz aufzugeben, um uns voll in den Dienst der neuen Dinge zu stellen, weil diese uns vielleicht faszinieren; das aber wäre keine Entwicklung, sondern lediglich ein Umschwung. Eine weitere Gefahr besteht darin, daß eine derartige Anerkennung womöglich zu nichts weiter führt als zu einer Erweiterung unseres bestehenden bewußten Charakters – ohne daß eine neue Synthese geschaffen würde. D. h. wir bilden nur einige weitere Gewohnheiten aus und greifen zusätzliche Einstellungen auf, ohne diese jedoch mit den schon bestehenden näher in Beziehung zu setzen. Echte Anerkennung heißt: den neuen Dingen ihr volles Gewicht beizumessen, ohne die alten dabei aufzugeben, und gleichzeitig der Psyche die Möglichkeit einzuräumen, sich auf ihre Weise und in einem ihr eigenen Tempo neu zu orientieren. Man kann freilich nicht mit Gewißheit sagen, daß jeder Mensch überhaupt fähig ist, das zu tun; und vielleicht ist es sogar das Beste, daß viele es niemals versuchen.

Die Wahl

Die Art der Entwicklung, von der wir sprachen, wird manchen Menschen aufgezwungen, ob sie es wollen oder nicht – wie in unserem Beispiel vom Wissenschaftler, dessen Leben durch eine Frau aus der Bahn geworfen wurde. Manchmal wird jemand auch durch die Einmischung aktivierter unbewußter Elemente gezwungen, etwas zu tun; obwohl er viel lieber an seinen gewohnten Verhaltensweisen festhalten würde, wird er doch von Problemen bedrängt, die durch den Einfluß unbewußter Elemente auf sein Denken und Verhalten entstehen. Aus diesem Grund sagt man auch, eine Neurose verfolge möglicherweise einen bestimmten Zweck: Sie kann nämlich einen Menschen dazu bringen, etwas für sich selbst zu tun und so eine Weiterentwicklung seiner Psyche einzuleiten – was er nie zugelassen hätte, wenn nicht der Zwang vorhanden gewesen wäre, etwas gegen die Neurose zu unternehmen.

Wird man zur Weiterentwicklung seiner Psyche angehalten, so kann man das bejahen oder sich widersetzen; Bejahung oder Widerstand sind hauptsächlich eine Frage der persönlichen Zufriedenheit mit dem eigenen bewußten Charakter – d. h. mit dem, was man für sein »Ich« hält. Entwicklung kann nur stattfinden, wenn man bereit ist, das »Ich«, das man kennt und liebt, zerstören zu lassen, damit ein umfassendes und höher entwickeltes »Ich« seinen Platz einnehmen kann.

8. Archetypen

Der Dynamismus des Unbewußten

Die Begebenheiten, die wir als »merkwürdige Vorgänge« bezeichneten, haben Psychotherapeuten zum Studium des Unbewußten veranlaßt. Im Leben der meisten Menschen gibt es Vorfälle, wo es so aussieht, als sei irgendein Kobold oder Teufel in sie gefahren, der darauf erpicht ist, aus allem, was sie anpacken, Unsinn zu machen; dann wieder gibt es Gelegenheiten, wo man von irgendeinem guten Geist geleitet zu werden scheint, von einer Art Fee, die darauf aufpaßt, daß man genau dann das Richtige sagt und tut, wenn man – sich selbst überlassen – einen fürchterlichen Fehler begangen hätte. Das Unbewußte ist ein Begriff, der in der Psychotherapie verwendet wird, um uns in die Lage zu versetzen, uns mit Vorgängen zu befassen, die sich tatsächlich in unserem Leben abspielen; aus diesem Grund muß man das Unbewußte auch als eine Quelle der Kraft betrachten. Es ist nicht nur ein »Kasten« voller unerwünschter psychischer Elemente, sondern es ist ein ständiges Reservoir psychischer Energie und Kraft.

Insbesondere das persönliche Unbewußte enthält ein große Anzahl von Dingen, die das Bewußtsein zurückgewiesen hat. Selbstverständlich ist die Energie, die solche Dinge besitzen, nicht mit der des Bewußtseins vergleichbar; denn sonst wären diese Elemente erst gar nicht verdrängt worden. Doch sie gewinnen Energie und Kraft, indem sie sich mit anderen psychischen Elementen im Unbewußten zusammenschließen und Komplexe bilden. Solche Komplexe psychischer Elemente im Unbewußten formieren sich – so stellt man es sich bildlich vor – um eine Art Kern herum, der sozusagen die bindende Kraft darstellt, um den Komplex zusammenzuhalten, und der den Komplex auch mit der Energie versorgt, die er braucht, um auf das psychische Leben Einfluß zu nehmen. Diese Kerne nennt Jung »Archetypen«, und sie sind die tonangebenden Elemente im kollektiven Unbewußten.

Archetypen sind die grundlegende Energiequelle der menschlichen Psyche und können in etwa den Instinkten gleichgesetzt werden. Bei den Instinkten geht es hauptsächlich um das körperliche Verhalten menschlicher Wesen, und wenn man sich mit den Instinkten befaßt, dann betrachtet man die Verhaltenstendenz des menschlichen Körpers. Beschäftigt man sich dagegen mit den Archetypen, dann geht es um die Verhaltenstendenz des menschlichen Geistes. Man hat die Archetypen als den psychischen Aspekt der Instinkte eingestuft – was vielleicht richtig ist; nur ist es bisher nicht gelungen, eine tatsächliche Beziehung zwischen beiden aufzuzeigen. Wie die Instinkte, so sind auch die Archetypen grundlegend für die menschliche Natur und finden sich in jedem Individuum.

Archetypische Bilder

Da sie Bestandteil des Unbewußten sind, kennen wir die Archetypen nicht. Wir können sie lediglich danach beurteilen, wie sie in Erscheinung treten. Am besten betrachtet man sie als eine Ausdrucksweise für die Tendenz psychischer Energie, in speziellen Formen aufzutreten; denn in »reiner« Form treten Archetypen nie zu Tage. Nicht ein Archetypus, sondern der Komplex, der sich um einen Archetypus gebildet hat, manifestiert sich in imaginären Bildern oder durch Einmischung in das bewußte Leben.

Auf welche Weise archetypische Bilder Archetypen zum Ausdruck bringen – ohne diese in reiner Form zu zeigen – kann man sich vielleicht am besten vorstellen, wenn man an eine Reihe von Autoren denkt, denen allen ein und derselbe Stoff vorgegeben wird, über den sie eine Geschichte schreiben sollen. Eine jede dieser Geschichten würde sich in den Einzelheiten sowie in der Art der Darstellung des Geschehens von der anderen unterscheiden; und trotzdem wäre das Grundthema überall das gleiche. Genauso ist es mit den Archetypen. In alten und modernen Religionen, in Sagen und Mythen, in den Träumen der modernen Menschen und in allen möglichen Fiktionen, überall tauchen immer wieder die gleichen Themen auf, nur jedes Mal in neuem Gewande, angereichert mit verschiedenen zeitlichen und örtlichen Besonderheiten.

Archetypen und Verstehen

Je stärker man mit den Archetypen in Berührung kommt, desto mehr psychische Energie hat man zur Verfügung, um mit dem Leben fertig zu werden; und das ist auch einer der Gründe, warum die Menschen, die bewußte Funktionen auf Kosten des Unbewußten entwickeln, zu festgefahrenen und sterilen Gewohnheiten neigen. Aber das ist nicht die einzige Aufgabe der Archetypen. Tief im Inneren der menschlichen Psyche lagert die Erfahrung der Menschheit seit ihren ersten Anfängen, hier ist die Erfahrung der allgemeinen und wiederkehrenden Elemente menschlichen Lebens zusammengefaßt. Die Archetypen stellen Mittel und Wege dar, wie ein Mensch

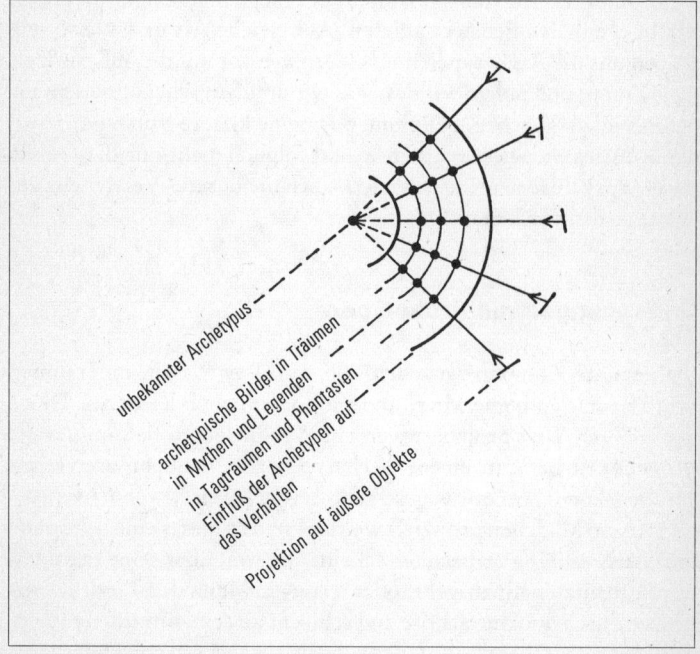

seine äußere Umgebung verstehen und mit ihr zurechtkommen kann. Männer treffen beispielsweise mit Frauen zusammen, die Bestandteile ihrer Umwelt bilden; und für einen Mann ist eine Frau einerseits ihm selbst ähnlich, andererseits aber auch wieder nicht. Um mit Frauen eine Beziehung einzugehen, braucht der Mann eine Art innere Befähigung, sie zu verstehen und mit ihr klarzukommen – und eben diese bereitzustellen ist die Aufgabe eines der Archetypen.

Diese Funktion der Archetypen erinnert an die einfachen Geheimcodes, die man als Kind gelernt hat. Einer davon ging folgendermaßen: Man nimmt ein Papier, in das kleine Fenster geschnitten sind, legt es auf das Blatt, auf dem die Nachricht notiert werden soll und schreibt dann den Text in die kleinen Fenster. Anschließend nimmt man das Papier mit den ausgeschnittenen Fenstern weg und schreibt irgend etwas anderes zwischen die Worte der geheimen Nachricht. Zur Entschlüsselung braucht man nur ein Blatt Papier, in das genau die gleichen Fenster geschnitten sind wie ins erste; nur wenn man das auf den gesamten Text legt, kann man die echte Nachricht in den Fenstern ablesen. Auf gleiche Art und Weise versorgen uns die Archetypen mit Bildern, die wir auf die äußere Welt projizieren; und indem wir das, was wir draußen sehen, mit dem inneren Bild vergleichen, bekommen wir eine klarere Vorstellung von der Außenwelt. Die Archetypen sind folglich nicht nur die Quelle unserer psychischen Kraft, sondern auch die unseres Verstehens der Welt, in der wir leben.

Begegnungen mit Archetypen

Unbewußte Komplexe machen sich dem Bewußtsein in Träumen und Phantasien bemerkbar, und sie können auch leicht auf Dinge der äußeren Welt projiziert werden. Was bedeutet, daß immer die Möglichkeit besteht, einem Archetypen außerhalb unserer selbst »zu begegnen«. So etwas geschieht beispielsweise, wenn Archetypen auf ein Mädchen projiziert werden, so daß dieses eine Schönheit und Ausstrahlung zu besitzen scheint, die weit über seine tatsächlichen Qualitäten hinausgeht; oder wenn ein Mann den Eindruck erweckt, durch und durch böse und schlecht zu sein, ohne den mindesten positiven Charakterzug; oder wenn ein Mensch von anderen als ihr Führer anerkannt wird, dessen Urteil unfehlbar ist und dem man blindlings gehorchen muß. Bei derartigen Beispielen geht es nicht nur um Übertreibung; vielmehr scheinen von der Person, auf die der Archetypus projiziert wird, tatsächlich ungeheure Kraft und Stärke auszugehen; und derjenige, der projiziert, ist zu kritischer Distanz unfähig, weil der Archetypus eine so enorme Faszination auf ihn ausübt. Projektion von Archetypen steht auch hinter dem Eindruck der Heiligkeit, die man gelegentlich Orten oder Dingen beimißt. Wenn Menschen auf diese Weise die tiefsten Archetypen projizieren, stellen sie sich abseits von diesen und beziehen sich auf sie. Eine derartige Projektion freilich ist nichts, das man selbst zu tun beschließen könnte; wie jede Projektion geschieht sie mit einem, und geschah sie seit den Anfängen menschlicher Geschichte bis zum heutigen Tage. Allerdings scheint sie aus verschiedenen Gründen in unserer gegenwärtigen modernen Zeit nicht mehr so häufig stattzufinden, wie das in der Vergangenheit der Fall war; wobei Grund zu der Annahme besteht, daß dies mit einer gegenwärtig vor sich gehenden Veränderung in der menschlichen Psyche zusammenhängt.

Unser kritisches Denkvermögen wird heute sehr viel leichter und schneller auf den Plan gerufen als bei den Menschen früherer Zeiten; größtenteils einfach deshalb, weil der wissenschaftliche Geist unserer Zeit der äußeren Welt viel von ihrem Geheimnis genommen hat. Naturereignisse, die die Leute früher als direkte Handlung Gottes oder der Götter ansahen (z. B. den Donner), werden jetzt wissenschaftlich erklärt und verstanden; und dieses wissenschaftliche Verständnis verhindert die Projektion von Archetypen. Freilich hören die Archetypen nicht auf zu existieren, nur weil sie nicht mehr im gleichen Ausmaß wie früher projiziert werden. Man kann ihnen nach wie vor begegnen, nur wenn man sie nicht mehr in projizierter Form in der äußeren Welt antrifft, muß man ihnen innerlich begegnen. Eine solche innerliche Begegnung ist durch ihre Manifestationen in archetypischen Bildern im Bewußtsein möglich, und sie ist durch ein Gefühl der Stärke und Faszination gekennzeichnet, das stets mit dem Erleben eines Archetypus einhergeht. Der eine wird von dieser enormen Kraft, mit der er konfrontiert wird, förmlich überrollt; ein anderer wird davon angezogen, und ein dritter ist sich vielleicht ihrer »Andersartigkeit« bewußt, d. h. sie scheint für ihn aus einer anderen Welt zu kommen.

Die große Schwierigkeit, eine Begegnung mit einem Archetypus zu beschreiben, liegt darin, daß ihre Bedeutung für das Individuum von dessen vorgefaßten Meinungen und Ideen abhängt. Ein wirklich religiöser Mensch wird sagen, es sei eine Begegnung mit Gott selbst oder mit irgendeinem göttlichen Bereich gewesen; der überzeugte Rationalist wird entweder überwältigt sein oder die Erfahrung mit Erfolg abtun, wahrscheinlich indem er sie einer körperlichen Krankheit zuschreibt; Spiritisten werden sie lenkenden Geistern zuschreiben usw. Lediglich diejenigen, die die Begriffe Jungscher Psychologie verwenden, betrachten solch eine Erfahrung als Begegnung mit einem Archetypus; und unglücklicherweise behaupten solche Leute dann manchmal, daß sie auf diese Weise begreifen, »was die Erfahrung wirklich ist«. Tatsächlich jedoch liegen derartige Erfahrungen jenseits unseres Begriffsvermögens; sicher, sie finden statt, und sie können einen weitreichenden Einfluß auf das Leben derer ausüben, die sie ernst nehmen; aber um das zu tun, braucht man nicht notwendigerweise von Archetypen zu sprechen. Die Verwendung des Begriffs Archetypus ermöglicht es aber, im Rahmen der Jungschen Psychologie solche Erfahrungen zu anderen Dingen, die in unserem Leben vor sich gehen, in Beziehung zu setzen – wobei dieser Rahmen nur einer von vielen möglichen ist, mit dessen Hilfe wir versuchen können, menschliches Leben zu verstehen.

Schatten und Satan

Der Archetypus, den man am leichtesten verstehen kann, ist der des »Schattens«. Er ist das dunkle, andere Selbst, das in jedem von uns existiert; er ist der schreckliche und böse Mensch, der wir möglicherweise wären, wenn wir nicht mit so großer Sorgfalt alle diejenigen Neigungen in uns, die uns mißfallen, beiseitegeschoben hätten. In weiten Teilen stimmt dieser Archetypus mit dem persönlichen Unbewußten überein. Da ein bewußtes Werturteil jedoch nicht immer korrekt ist, können wir nur sagen, daß der Schatten eines Menschen aus dem besteht, was dieser als böse *betrachtet;* tatsächlich ist nämlich vieles von dem, was wir als böse angesehen und deshalb verworfen haben, in Wirklichkeit ebenso gut wie alles andere im Bewußtsein. Daher ist es auch nicht richtig, wenn man sagt, der Schatten eines Menschen sei schlecht; was wir feststellen können ist lediglich, daß er aus Dingen besteht, die die Person als schlecht betrachtet. In Träumen taucht der Schatten als dunkle Gestalt auf, in Filmen und im Fernsehen als der böse Mann, der am Ende vom Helden besiegt wird.

Jung verwendete den Begriff »Schatten«, weil uns diese dunkle Seite unseres Charakters immer begleitet und uns stets als finstere und unerwünschte Seite unserer psychischen Natur anmutet. Ferner hat Jung darauf hingewiesen, daß nur dreidimensionale Dinge einen Schatten werfen, deshalb glaubt er, daß wir ohne Schatten nicht im vollen Umfang menschlich wären. Der Archetypus des Schattens setzt sich aus den Dingen zusammen, die wir zurückgewiesen haben; bleibt er völlig verdrängt, übt er einen äußerst störenden Einfluß auf unser Leben aus. Wir sollten uns deshalb aller der »schlechten« Eigenschaften, die wir hätten haben können, bewußt werden, damit wir sie bewußter Kritik unterwerfen, von ihrer psychischen Energie Gebrauch machen und bereit sind, die Verantwortung für unser schlechtes Verhalten zu übernehmen. Da das einzige, was die verschiedenen Elemente, die den Schatten bilden, gemeinsam haben, ihre Ablehnung durch unseren bewußten Geist ist, liegt die Annahme nahe, daß ein tieferer archetypischer Kern existiert, um den sich diese Elemente scharen. Und dieser Kern könnte als der Archetypus des Satans beschrieben werden.

Der Schatten ist eine persönliche Angelegenheit, und der Schatten eines jeden Menschen unterscheidet sich von dem anderer Menschen, weil jeder Mensch ein anderes Ideal hat und deshalb unterschiedliche Dinge ablehnt. Dennoch gibt es Böses, das von den meisten Menschen auch als böse angesehen wird, und es gibt schlimme Dinge in der Welt, derer wir uns – sofern wir es nur wollen – durchaus bewußt werden können. Unser Verstehen der Welt, in der wir leben, ist mangelhaft, wenn wir nicht fähig sind, auch das Böse miteinzubeziehen; wenn wir aber den tatsächlichen Hang zum Bösen (sowohl in der Welt als auch in der menschlichen Natur) wirklich berücksichtigen, dann brauchen wir einen solchen Archetypus wie den des Satans, um diesen Hang zu begreifen. Der Satan ist der ewige Gegner dessen, was immer den Menschen als gut und richtig erscheint; er repräsentiert das böse Prinzip hinter der bösen Tat, die Sünde, die stets gehaßt werden muß, auch wenn man den Sünder liebt, das absolut Böse ohne den geringsten positiven Aspekt. In irgendeiner Form taucht er in jeder Religion und in jedem Mythos auf: im Hinduismus zum Status einer Gottheit der Zerstörung erhöht, im Christentum zur Hölle verbannt und in den alten Mythen in ständigem Konflikt mit dem Gott des Glücks. Um diesen Archetypus versammeln sich die Dinge, die wir als böse verdrängen, und von diesem Kern leiten sie ihre Energie und Kraft her.

Anima und Animus

Der Schatten repräsentiert das böse Selbst, den Mann oder die Frau, die wir möglicherweise sein könnten, die wir aber nicht sein wollen; er erscheint in den Träumen und der Einbildung von Männern als männliche Figur, in den Träumen und der Einbildung von Frauen als weibliche Gestalt. Trotzdem möchte man sagen, daß das nur relativ stimmt. Denn da die Welt lange Zeit von Männern und ihren Gedanken beherrscht wurde, ist der archetypische Satan, der sowohl Männern als auch Frauen geläufig ist, gewöhnlich männlichen Geschlechts; und das beeinflußt wahrscheinlich auch die mehr persönliche Figur des Bösen in der Vorstellung der Frauen. So wie ein jeder ein böses Selbst besitzt, so hat jeder Mann weibliche und jede Frau männliche Züge an sich; doch sind viele Menschen – aus einer ganzen Reihe von Gründen – nicht bereit, diese andere Seite ihrer selbst anzuerkennen. Sie verdrängen sie allerdings nicht so sehr als »schlecht«, sondern mehr als »unangebracht«. Daher wird in Träumen und Phantasien von Männern der Schatten sehr häufig von einer Frauengestalt begleitet; und Jung hat dieser weiblichen Figur (oder besser dem Archetypus, der dahintersteht) den Namen »Anima« gegeben.

Von einem persönlichen Standpunkt aus gesehen, besteht die Anima aus der femininen Seite des Mannes und auch aus Ideen, die von seiner Erfahrung mit echten Frauen herrühren. Normalerweise stellt sie sich als begehrenswertes, faszinierendes und irgendwie gefährliches Weib dar, von dem der Mann in starkem Maße angezogen wird; der Archetypus leitet sich aus der Tatsache ab, daß der Mann seit eh und je zur Frau hingezogen wurde und niemals in sich selbst vollkommen ist. Deshalb hat der Archetypus der Anima auch drei verschiedene Aspekte.

Erstens zieht dieser Archetypus die weibliche Seite der Natur eines Mannes an, die dieser wohl eher ignoriert. Das schließt seine untergeordneten Funktionen mit ein; durch ihre Verbindung mit dem Archetypus bekommen sie psychische Energie, so daß sie in der Lage sind, auf das Bewußtsein einzuwirken. Da diese Seite eines Mannes eine rein persönliche ist, sollte sie eigentlich einen Bestandteil seines Bewußtseins bilden; und so kann dieser feminine Aspekt seiner Natur von dem zugrundeliegenden Archetypus losgelöst und in die bewußte Synthese eingegliedert werden. Dieser Vorgang wird einen Mann keineswegs weibisch machen (es sei denn, er gibt seinen eigenen männlichen Charakter auf, um die andere Seite voll zu übernehmen), sondern seinem Charakter Bestandteile hinzufügen, die diesen bereichern und beleben. – Zweitens befähigt der Archetypus einen Mann, die Frauen, mit denen er in der Welt zusammentrifft, zu begreifen und mit ihnen zurechtzukommen. So gesehen können durch die Verdrängung der femininen Züge im Charakter eines Mannes und durch seine zurückliegenden Erfahrungen echte Schwierigkeiten entstehen. Insofern, als der Archetypus in einen Komplex miteingeschlossen wurde, der aus verdrängter Weiblichkeit und aus Ideen besteht, die ein Mann aus Erfahrungen mit Mutter, Schwestern und Freundinnen abgeleitet hat, insofern wird dieser Archetypus das Wesen der Frauen, die der Mann kennenlernt, eher verzerren als enthüllen. Je erfolgreicher ein Mann die psychischen Elemente, die ganz persönlich zu ihm gehören und in sein bewußtes Leben aufgenommen werden konnten, von dem Archetypus gelöst hat, desto geringer wird die verzerrende Wirkung des letzteren sein. – Der dritte Aspekt dieses Archetypus besteht darin, daß er uns vor Augen hält, daß stets ein mehr existiert. Die Frau ist ein anderer Mensch, den der Mann braucht, wenn er sich selbst erfüllen will; und durch eine natürliche Assoziation schließt der Archetypus den unfertigen oder begrenzten Aspekt eines jeden bewußten individuellen Lebens ein. Das Bewußtsein braucht das Unbewußte, das Individuum braucht die Gesellschaft, der Mann ist abhängig, relativ und immer zu mehr fähig; und alle diese Dinge sind im Archetypus der Anima enthalten.

Die Anima im Mann tritt häufig als eine einzelne Frau in Erscheinung, doch scheint es in der Frau kein solches Einzelbild für den entsprechenden Archetypus zu geben. In den Träumen und Phantasien der Frauen treten diese meist umgeben von einer ganzen Schar männlicher Wesen auf oder zumindest im Kreis relativ individuell erscheinender Männer. Das geschieht teilweise als »Kompensation« der bewußten Einstellung: Frauen neigen im allgemeinen dazu, sich mit ganzem Herzen einem beherrschenden Objekt zuzuwenden, während Männer sich mehr (vielleicht weniger tiefgreifend) für eine ganze Reihe von Dingen interessieren; im Unbewußten ist die Situation dann genau umgekehrt.

Da die Anima gewöhnlich mit denjenigen Funktionen verbunden ist, die ein Mann nicht entwickelt hat, findet man nicht selten eine unausgegorene und kindische Einstellung zu ihr. Das kann schon aus den Bildern hervorgehen, durch die sie dargestellt wird; aber besonders deutlich wird es, wenn der Komplex, der sich um den Archetypus herum gebildet hat, das Individuum beeinfußt. Natürlich sieht das der Beobachter besser als die betroffene Person. Wenn die Anima (oder in einer Frau der Animus) die Führung übernimmt, dann handelt und spricht das Individuum, als ob seine Persönlichkeit gar nicht die eigene, sondern die des archetypischen Komplexes sei, die nur begrenzt als Persönlichkeit gelten kann. Die Anima (in einem Mann) verhält sich höchst unklug, emotional und unvernünftig; genauso aber benehmen sich manche Männer, wenn ihre Vernunft und ihr gesunder Menschenverstand die Kontrolle über eine Situation verlieren. Der Animus (in einer Frau) bewirkt eine kalte Beweisführung; meistens werden dabei dogmatische Behauptungen aufgestellt, die die tatsächliche Situation, in der sich die Frau befindet, völlig außer acht lassen.

Wir alle neigen dazu, unsere Reaktion auf eine schwierige Situation von einem unbewußten Komplex steuern zu lassen; in sehr persönlichen Situationen zwischen Mann und Frau artet eine Meinungsverschiedenheit nur allzu häufig in ein böses Wortgefecht aus zwischen der Anima des Mannes und dem Animus der Frau – was keinen von beiden weiterbringt. Trotzdem wäre es falsch zu glauben, daß die Archetypen wertlos seien. Im Gegenteil; sie können zur so notwendigen Verständigung zwischen den Geschlechtern beitragen, wenn man ihnen die ihnen angemessene Rolle in seinem Leben einräumt. Außerdem spielen sie auch beim Anknüpfen persönlicher Beziehungen eine Rolle. Ein Mann projiziert meist seinen Animakomplex auf die Frau, die ihn anzieht; das muß vielleicht sogar so sein, damit eine echte Beziehung überhaupt zustandekommt. Freilich sieht der Mann durch eine solche Projektion die Frau anders (und meist wunderbarer), als sie in Wirklichkeit ist; deshalb muß die Projektion bei näherem Kennenlernen auch zurückgenommen werden, damit man klarer erkennt, wie die Partnerin eigentlich wirklich ist. Ein ähnlicher Prozeß spielt sich genau umgekehrt ab, wenn eine Frau ihren Animus auf einen Mann projiziert.

Die Große Mutter und der Alte Weise

Der Archetypus der Großen Mutter stellt den Ursprung des Individuums dar; zuerst die leibliche Mutter, den Beginn des persönlichen Lebens des bestimmten Individuums, und schießlich die Erde, aus der alles Leben zu entspringen scheint. Dieser Archetypus hat zwei Aspekte, einen wohlwollenden und gütigen und einen gefährlichen. Als gütiger Aspekt erscheint die umhegende, nährende und schützende Seite von Mutter und Erde; der gefährliche Aspekt dagegen ist gekennzeichnet durch das Verschlingen und Überwältigen anderer – so wie man sagen könnte, daß wir von der Erde, die uns das Leben gegeben hat, am Ende vielleicht wieder aufgenommen werden. Dieser einverleibende Aspekt des Mutter–Archetypus wird oft von echten Müttern ausgelebt, die das Umhegen derart weit treiben, daß das Kind auch nicht die geringste Chance hat, ein eigenes Leben zu führen. Der Archetypus der Großen Mutter enthält Ideen, die mit Liebe im Zusammenhang stehen, und Liebe hat ja auch, wie der Archetypus, mehr als nur einen Aspekt.

Der Alte Weise ist ein Archetypus, der diejenigen männlichen Prinzipien umfaßt, die den weiblichen entsprechen, die im Archetypus der Großen Mutter vereinigt sind. In der volkstümlichen Darstellung trägt der Alte Weise ein Phallussymbol als Zauberstab, mit dessen Hilfe er seine Umgebung befruchtet und den Beginn neuen Lebens schafft. Im Chinesischen werden diese beiden großen Archetypen durch »Himmel und Erde« dargestellt, der eine voll Initiative, aktiv und befruchtend, der andere aufnahmefähig, passiv und nährend. Der Alte Weise versammelt Ideen um sich, die mit absoluter Wahrheit zu tun haben, mit der Macht von Wissen und sogar von Worten. Er ist der Archetypus der Macht des Gedankens.

Andere Archetypen

Die Archetypen beziehen sich auf die tiefsten und verborgensten Wirkungsweisen der Psyche, ebenso wie auf die fundamentalen und immer wiederkehrenden Situationen, in denen sich menschliche Wesen befinden. Man kann unmöglich eine Liste der Archetypen aufstellen; archetypische Bilder und Verhaltensweisen sind dadurch gekennzeichnet, daß sie sich immer wiederholen und bedeutende psychische Energie besitzen und freisetzen. Die oben aufgeführten Archetypen sollen repräsentativ sein, sie veranschaulichen jedoch nur jene Archetypen, die in Phantasiegestalten personifiziert werden können. Es gibt aber auch Archetypen, die eher durch eine Reihe von Erlebnissen als durch individuelle Figuren deutlich werden, und diese sind genauso wichtig. Das beste Beispiel für derartige Archetypen ist der Mythos vom Sterbenden und Wiederauferstehenden Gott; dieser Archetypus begegnet auch in den Sagen, in denen der Held am Ende einer Reise voller tödlicher Gefahren einen großen Schatz rettet.

Götter und Dämonen

Die Archetypen selbst »gehören« zum kollektiven Unbewußten. Vom Unbewußten aus können sie ihren Einfluß auf die Psyche ausüben und in schwierigen Situationen, in die der Mensch gerät, wertvolle Orientierungshilfe bieten. Ihre Energie kann durch die psychischen Elemente, die um sie herum einen Komplex bilden, ins Bewußtsein geschleust werden; läßt man das jedoch nicht zu (d. h. weigert man sich, diese Elemente anzuerkennen und ihnen einen gewissen Spielraum einzuräumen), dann kann die Kraft des Archetypus sehr leicht eine Gefahr für einen selbst und für andere werden.

Auf die augenfälligste Gefahr wurde bereits in einem früheren Kapitel hingewiesen – es ist die Gefahr, von einem Archetypus besessen zu werden. Geschieht das, dann wird das besessene Individuum zugleich weniger und mehr als menschlich. Insofern als die Kraft des Archetypus die Kraft des Unbewußten ist, wird das Individuum mehr als menschlich und mit den Archetypus identifiziert. Da aber der Archetypus nur *ein* Aspekt der menschlichen Natur ist, verliert das Individuum die ausgleichende Kraft der anderen Archetypen und wird für eine ganze Reihe menschlicher Erfahrungen unempfänglich. Wer in dieser Weise besessen ist, der wird zum Fanatiker; er glaubt, die letztendliche Wahrheit entdeckt oder die wirklich tiefe Liebe erfahren zu haben, er versucht, jeden in die Schablone dieses einen Archetypus, der sein Lebenszentrum bildet, hineinzupressen. Direkte Bekanntschaft mit den Archetypen birgt allergrößte Gefahr in sich.

Die Psychologie C. G. Jungs lehrt uns, daß wir versuchen sollten, uns über das Vorhandensein der Archetypen im Unbewußten klar zu werden, teils um sie ihre Rolle in unserem Leben spielen zu lassen, teils um uns vor der Gefahr zu schützen, sie aufgedrängt zu bekommen. Es gibt einen Grund, warum diese Lektion gerade in der heutigen Zeit so notwendig ist. In der Vergangenheit kam die Menschheit gut mit den Archetypen zurecht; sie sagte sich von ihnen los, indem sie sie in Gestalt von Göttern und Dämonen auf den Himmel und die Erde projizierte. Und mit diesen Göttern, die er für sich selbst geschaffen hatte, einigte sich der Mensch im allgemeinen durch Rituale und Magie; wobei er allerdings wußte, daß Menschen von Göttern und Dämonen besessen sein konnten. Da ein derartiges Besessensein jedoch »verstanden« wurde (zumindestens von Priestern und Medizinmännern), war es weit weniger gefährlich, als es die Besessenheit durch Archetypen heutzutage ist; denn ein Mensch, der (wie er glaubte) von einem Gott oder Dämon besessen war, kam nie in die Versuchung, die Kraft, von der er besessen war, mit seinem eigenen Ich zu identifizieren. Heute dagegen wird Besessenheit durch Archetypen nicht mehr im Rahmen irgendeiner allgemein anerkannten Konvention »verstanden«; und diejenigen, die besessen sind, glauben nicht selten, daß die hierdurch erzeugten Kräfte Kräfte ihres eigenen Ich sind. Da wir modernen Menschen den Schutz, den früher die Vorstellungen von Göttern und Dämonen gewährten, verloren haben, besteht in unserer Gedankenwelt ein gefährliches Vakuum. Vielleicht kann die Psychotherapie helfen, Mittel und Wege bereitzustellen, um mit den Phänomenen zurechtzukommen, die im Zusammenhang mit den Archetypen auftreten.

Es wäre allerdings falsch zu glauben, daß es immer richtig ist, Archetypen in Götter und Dämonen zu projizieren. Wichtig ist vielmehr, einen gedanklichen Rahmen zu besitzen, der es erlaubt, die

Ereignisse, die durch die Archetypen verursacht werden, zu verstehen. Fehlt so etwas, dann laufen letztere Amok. – Jeder von uns trägt Kräfte in sich, die nicht nur sein eigenes Leben, sondern auch das seiner Mitmenschen vergiften können. Einige dieser Kräfte bejahen wir und beanspruchen sie deshalb als unsere eigenen. Andere dagegen lehnen wir ab und projizieren sie deshalb auf andere Menschen. Das augenfälligste Beispiel hierfür ist wohl die Kluft zwischen Ost und West, über die hinweg jeder im anderen all die schlechten Dinge entdeckt, die er bei sich selbst nicht wahrhaben will.

9. Das Selbst

Der Archetypus der Gottheit

Der Mensch muß mit den Kräften, denen er ausgesetzt ist, fertigwerden, ganz gleich, ob diese nun in der äußeren Welt oder innerhalb der Psyche auftreten. Das Fortschreiten von Wissenschaft und Technik ermöglichte es, die äußeren Kräfte allmählich in den Griff zu bekommen; wir lernten zwischen inneren und äußeren Kräften zu unterscheiden und zwar in einer Weise, wie es die Menschen früher nicht vermochten. Die Alchimisten beispielsweise versuchten, mit den inneren und äußeren Kräften gleichzeitig zurechtzukommen, indem sie (wie wir heute sagen) ihre inneren psychischen Energien auf ihre äußeren Experimente projizierten; die antiken Völker glaubten, daß Götter sowohl durch Menschen als auch durch die Natur handeln könnten. Auch wir heute sind noch imstande, innere Kräfte nach draußen, in die Vorstellung von äußeren Göttern zu projizieren; nur bringen wir solche Götter – aufgrund unserer wissenschaftlichen Erkenntnisse – nicht mehr mit Naturereignissen in Zusammenhang, wie es die Menschen früher taten.

Die Projektion von Archetypen in die Vorstellung von Göttern oder von einem Gott führt zu schwerwiegenden Irrtümern. Macht man sich eine Vorstellung von Gott, die einem inneren Bild oder einer inneren Kraft entspricht, so verleiht man diesem Bild bzw. dieser Kraft allergrößten psychischen Wert. Stellt man sich Gott beispielsweise dem Muster menschlichen Bewußtseins entsprechend vor, dann mißt man dem Bewußtsein höchsten Wert bei – auf Kosten des Unbewußten. Formt man sein Gottesbild nach dem Modell des Alten Weisen, dann bedeutet dies eine maximale Bewertung der grundlegenden männlichen Seite der Psyche. Alle diese Archetypen sind unvollständige Persönlichkeiten, die eine bestimmte Seite der menschlichen Natur auf Kosten der übrigen besonders hervorheben. Werden sie nun in die Vorstellung von Gott hineinprojiziert, dann kommt am Ende ein sehr begrenztes Gottesbild heraus – sowie ein Hang, einen Großteil der Psyche abzulehnen. Das ist aber so-

wohl aus religiöser als auch aus psychologischer Sicht völlig unbe-
friedigend. Vom religiösen Standpunkt aus gesehen bedeutet es
nämlich, daß ein Gott verehrt und respektiert wird, der weniger
vollkommen und einseitiger ist als ein menschliches Wesen; vom
psychologischen Standpunkt aus heißt es, daß man nur mit einem
begrenzten Teil seiner eigenen Natur zu leben versucht.

Im allgemeinen können wir heute die Archetypen nicht mehr ge-
fahrlos in die Vorstellung von Göttern projizieren. Es gibt jedoch
einen Archetypus, für den das nicht zutrifft, einen Archetypus, der
eine Art »Archetypus der Archetypen« darstellt. So wie die Archetypen Komplexzentren sind, die hinter den um sie herumgruppier-
ten psychischen Elementen versteckt liegen, so bildet dieser letzte
Archetypus sozusagen den Kern des Gesamtkomplexes der Psyche
und hält sich inmitten und hinter den anderen Archetypen verborgen. Dieser Archetypus, so könnte man sagen, repräsentiert und
drückt die Tatsache aus, daß in einem jeden Individuum die psychischen Elemente, die doch alle Menschen gleichermaßen besitzen, in
jeweils ganz besonderer Weise geordnet und aufeinander bezogen
sind – so daß diese eine bestimmte Persönlichkeit entstehen kann.
Die anderen Archetypen – den Ich-Komplex, der das Bewußtsein
ist, und alle die anderen psychischen Elemente, die im Leben eines
Menschen aktiv sind – kann man als partielle Ausdrucksformen dieses letzten, fundamentalen Archetypus betrachten, der hinter allem
steht.

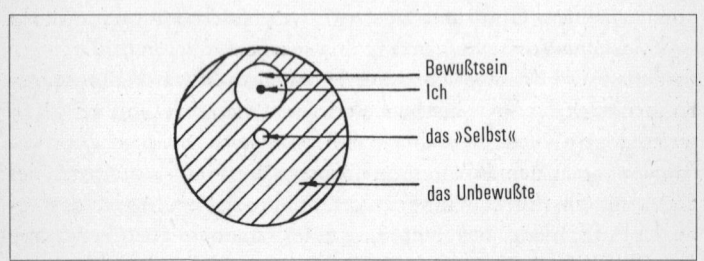

Das »Selbst« verhält sich zur Ganzheit wie das Ich zum Bewußtsein

Jung hat für diesen letzten und zentralen Archetypus verschiedene
Begriffe verwendet. Er nennt ihn das »Selbst«, was jedoch zu Ver-
wechslungen führen kann, wenn der Begriff nicht sorgfältig und
deutlich von dem Wort »selbst« unterschieden wird, das in Aus-

drücken wie »mich selbst« oder »ihn selbst« usw. verwendet wird. Letztere beziehen sich nämlich normalerweise auf das Bewußtsein (das Ich des bewußten Lebens), während das »Selbst« auf die Ganzheit der Psyche, also Bewußtsein und Unbewußtes, verweist. Ferner hat Jung diesen Archetypus »das Gottesbild« oder den »Archetypus der Gottheit« genannt, weil er sich, sofern er aktiv ist, in Ideen und Symbolen ausdrückt, die normalerweise mit unserer Vorstellung von Gott in Zusammenhang stehen. Er nennt ihn außerdem den »Archetypus der Ganzheit«, weil er dann sichtbar wirksam wird, wenn sich ein Individuum auf den Zustand psychischer Ganzheit und Vollendung zubewegt. Und schließlich wird er als »Archetypus der Einheit« bezeichnet, da er auf die Möglichkeit eines Lebens hinweist, in dem die Psyche als ein vereintes Ganzes funktioniert. Wird die Vorstellung von Gott nach dem Muster dieses Archetypus gestaltet, so ist das weder vom religiösen noch vom psychologischen Standpunkt aus ein großer Schaden.

Aus religiöser Sicht ist ein solcher Gott, d. h. einer, den man sich nach dem Modell dieses Archetypus geschaffen hat, ein Gott, in dem alle menschlichen Probleme gelöst sind, in dem sich alles zum Guten hin wendet; solch ein Gott ist letztlich für sämtliche Naturphänomene verantwortlich, er ist gleichermaßen mit dem Bösen und dem Leid der Welt wie auch mit dem Guten und dem Glück verbunden; er ist der Eine, in sich selbst vereinte Gott, in dem sich alle Dinge zusammenfinden und zu dem jede Seite unserer Existenz in Beziehung gebracht werden kann. Vom psychologischen Standpunkt aus gesehen kann der Glaube an einen solchen Gott nützlich, aber auch schädlich sein. Wird er von wahrer Frömmigkeit und einem echten Streben nach der Vollkommenheit des Gottes selbst begleitet, dann wirkt sich ein solcher Glaube psychologisch gesehen durchaus positiv aus, weil er eine allerhöchste Bewertung des Archetypus des Selbst mit einschließt. Führt der Glaube an so einen Gott allerdings zu der Auffassung, daß Gott jenseits aller menschlichen Erfahrung steht, daß eine Beziehung zu ihm unmöglich ist und er sich so vollständig vom Menschen unterscheidet, daß jedes Nacheifern ausgeschlossen ist, dann bedeutet das aus psychologischer Sicht eine Ablehnung des Archetypus des Selbst für sämtliche praktischen Lebenszwecke.

Wir sprachen davon, daß man seine Vorstellung von Gott nach

dem Muster eines Archetypus »gestalten« kann. Dabei sollte man sich jedoch im klaren sein, daß hier keinerlei bewußte Entscheidung oder Wahl getroffen wird. Unsere Vorstellung von Gott »haben« wir ganz einfach (oder wir haben sie auch nicht), ohne jemals darüber entschieden zu haben, wie sie aussehen soll. Die Vorstellung eines Menschen von Gott vergleicht man mit einem Archetypus und bezeichnet sie dann, sofern eine ausreichende Übereinstimmung besteht, als nach dem Modell dieses Archetypus geprägt.

Das Selbst als Führer

Im 7. Kapitel sprachen wir vom Bejahen der »anderen Seite«, d. h. der psychischen Elemente, die nicht in unsere Bewußtseinsstruktur passen. Wir sagten, alles, was man tun könne, sei die beiden Seiten im Bewußtsein zu behalten, ohne die eine oder die andere höher zu bewerten, obwohl sie einander vielleicht zu widersprechen scheinen. Wir führten ferner aus, daß man sich nicht darum bemühen kann, die beiden Seiten in Verbindung zu bringen, um so eine neue Synthese zu bilden, daß aber solch eine Synthese am Ende von selbst entstehen würde, wenn wir nur lange genug die Spannung zwischen den beiden Seiten ertragen könnten. Einen derartigen Prozeß kann man im täglichen Leben beobachten. Im 7. Kapitel führten wir das Beispiel des Wissenschaftlers an, der völlig in seinem Beruf aufging, dessen Leben aber dann durch die Beziehung zu einer Frau aus der Bahn geriet. Am einfachsten ist ein derartiger Prozeß allerdings dann zu verfolgen, wenn er im Verlauf einer psychologischen Analyse stattfindet.

In einer Analyse wird sich der Patient wahrscheinlich der »anderen Seite« und auch des Konflikts bewußt, der zwischen den psychischen Elementen dieser »anderen Seite« und seiner eigenen bewußten Einstellung besteht. Geschieht das, dann ist weder der Analytiker noch der Patient in der Lage zu bestimmen, wie die beiden Seiten zu einer Synthese vereinigt werden können. Vielmehr müssen sie sich in Geduld üben. Es wird nämlich berichtet, daß sich in einer derartigen Situation das Problem des Patienten oft von selbst löst, ohne bewußtes Zutun von seiten des Patienten oder des Analytikers; und zwar dadurch, daß ein neues psychisches Element »auftaucht«, das den Entwicklungsprozeß in die Hand nimmt. Wobei dieses »In-die-Hand-Nehmen« zwei verschiedene Aspekte hat. Auf der einen Seite beginnt der Patient langsam, eine neue Lebensart zu finden, die die beiden Seiten seines Wesens gleichermaßen und gleichzeitig beansprucht; auf der anderen Seite tauchen Träume und Bilder in seinem Geist auf, die außergewöhnliche Kraft und Bedeutung zu besitzen scheinen, die schlichtweg Aufmerksamkeit, Interesse und sogar Unterwerfung fordern. Oft werden sich sowohl Patient als auch Analytiker der Gegenwart einer Kraft bewußt, die weder aus dem bewußten Denken des einen noch des anderen stammt und die den weiteren Verlauf der Analyse steuert. Diese Kraft wird (in der Terminologie der analytischen Psychologie) als eine Manifestation des Selbst verstanden.

Die Bilder und Ideen, die zu solch einem Zeitpunkt auftauchen, verlangen nicht nur Aufmerksamkeit, sondern sie tragen auch Züge, die mit den beiden in Konflikt geratenen Seiten, derer sich der Patient bewußt ist, verwandt sind. Auf den ersten Blick hat es den Anschein, als ob dieses neue Element aus den Gegenspielern, die im Geist des Patienten in Widerstreit geraten waren, geschaffen wurde – was durchaus eine nützliche Betrachtungsweise dieses Vorganges sein kann. Noch hilfreicher ist es, wenn wir die beiden opponierenden Seiten als Aspekte des jetzt auftretenden vereinenden Bildes oder der entsprechenden Idee begreifen. Mit anderen Worten, die in Konflikt stehenden Elemente werden beide als partielle Ausdrucksformen des Selbst verstanden, das sich durch sie mitzuteilen versucht.

Das Selbst nimmt den Entwicklungsprozeß dann in die Hand, wenn der Mensch bereit ist zuzugeben, daß die bewußte Steuerung seines Lebens nicht die letzte Antwort auf das Geheimnis des Lebens schlechthin zu geben vermag, sondern daß es zusätzlich Dinge in Betracht zu ziehen gilt, die der eigenenbewußten Intention zu widersprechen scheinen. Anders ausgedrückt, das Selbst übernimmt dann die Führung, wenn wir den Anspruch aufgeben, alles unter Kontrolle zu haben. Man braucht wohl kaum noch darauf hinzuweisen, daß hier eine enge Parallele besteht zwischen dieser psychologischen Vorstellung und der religiösen Idee, daß Gott unser Leben in seine Hand nimmt, wenn wir nur willens sind, uns seiner Führung allein anzuvertrauen.

Der »Zorn« des Selbst

Es gibt zwei Arten der Führung, und beide können sowohl Gott als auch dem Selbst zugeschrieben werden. Streckt ein Kind seine Hand nach dem Feuer aus, dann kommt irgendwann ein Punkt, an dem die Hitze wirklich unangenehm wird, und das Kind sich wehtut. Diese Warnung durch den Schmerz ist eine »Art der Führung«, denn sie hält das Kind von dem gefährlichen Unternehmen ab, seine Hand in das Feuer zu halten. Christen (und auch die Anhänger vieler anderer Religionen) glauben, daß Gott uns auf diese Weise lenkt oder auch die Führung in unserem Leben übernimmt, sofern wir dies zulassen. Ausgangspunkt ist die Vorstellung, daß wir, wenn wir unser Leben nicht in Gottes Hand legen, falsche Wege einschlagen und uns den »Zorn« Gottes zuziehen, der uns – wie der Schmerz des Kindes – von der verkehrten Richtung, die wir verfolgen, wieder abbringen soll. Denkt man über die psychologische Idee des Selbst nach, dann kann man sein Verhalten in ähnlicher Weise betrachten.

Wie wir bereits mehrfach dargelegt haben, stören unbewußte psychische Elemente mitunter unsere bewußten Pläne und Absichten. Hauptsächlich aus diesem Grund glauben wir ja auch von diesen Notiz nehmen zu müssen. Bisher haben wir allerdings noch nicht den Versuch unternommen zu erörtern, warum das so ist. Die Ursache ist aber ganz offensichtlich die, daß unbewußte psychische Elemente auf Tatsachen die Gesamtheit unserer Natur betreffend hinweisen, die ebenso wichtig sind wie das, was wir bewußt darüber wissen. Die besondere Form, in der die Störung durch das Unbewußte auftritt, hängt davon ab, welche Elemente im Unbewußten gerade aktiv sind; daß eine derartige Störung jedoch überhaupt möglich ist, geht auf die Tatsache zurück, daß das Individuum ein Ganzes ist – genau das aber soll die Idee vom Archetypus des Selbst ausdrücken. Das bedeutet, daß die Störung bewußter Absichten durch unbewußte Elemente als eine Aktivität des Selbst angesehen werden kann.

Inwiefern man sagen kann, daß das Selbst eine dem »Zorn« Gottes vergleichbare Art der »negativen Führung« vorsieht, läßt sich an zwei Beispielen veranschaulichen. Nehmen wir an, ein Geschäftsmann hat sehr hohe moralische Prinzipien in bezug auf Sex, läßt sich aber dennoch mit seiner Sekretärin ein. Er trifft daraufhin die bewußte Entscheidung, daß er das Verhältnis weiterführen möchte; um dies zu tun, muß er allerdings bestimmte moralische Prinzipien verdrängen oder entwerten. Wir alle kennen die Sorte von Argumenten, mit deren Hilfe er das tut – er bestätigt sich selbst die Bedeutung menschlicher Beziehungen, die überwältigende Natur der Liebe und die Relativität moralischer Werturteile; er sagt sich ferner, daß er dafür sorgen wird, daß seine Frau nicht unter seinem Verhalten leidet. Seine bewußten Absichten gehen dahin, die Affäre fortzusetzen und sie vor seiner Frau zu verheimlichen. Um das verwirklichen zu können, muß der Mann eine Seite seines Charakters, nämlich bestimmte moralische Prinzipien, beiseiteschieben. Ergeben sich daraufhin – ganz im Gegensatz zu seiner Absicht – ständig irgendwelche emotionalen Verwicklungen und Reibereien mit seiner Mätresse, so kann man diese als Auswirkung seiner verdrängten moralischen Grundsätze und als Aktivität des Selbst betrachten; letzteres macht Schwierigkeiten, weil der Mann nicht in Einklang mit seiner gesamten Natur handelt. Dieses Beispiel wäre noch um einiges krasser, wenn der Mann normalerweise sehr vorsichtig wäre, jedoch durch eine für ihn völlig unnatürliche Nachlässigkeit seiner Frau die Gelegenheit gäbe, alles herauszufinden.

Das zweite Beispiel wurde bereits früher erwähnt. Wenn jemand absolut nicht zugeben will, daß »böse« Elemente in ihm existieren, sondern stattdessen ein äußerst tugendhaftes Leben zu führen versucht, kann zweierlei passieren. Dieser Mensch wird feststellen, daß er entweder den unerwarteten Neigungen in sich nachgibt, die sein Verhalten in äußerst beklagenswerte Bahnen lenken, so daß er von Schuldgefühlen gequält wird; oder daß er eine Neurose entwickelt, die ständig seine von ihm gewählte Lebensart stört. Eine solche Neurose kann als eine »Kompensation« für den Versuch angesehen werden, das Leben in allzu enge Bahnen zu lenken, die keine Entwicklungsmöglichkeit für alle Wesenszüge zulassen. Gelingt es, dem Neurotiker das klarzumachen, dann besteht die Chance, ihn zu einer völlig neuen Lebensauffassung und zu kontinuierlicher Entwicklung hinzuführen.

Das Unbewußte hat stets eine »kompensatorische« Tendenz und bemüht sich eigentlich immer, unsere Versuche, ein einseitiges Leben zu führen, zu vereiteln – ganz gleich ob diese Versuche nun auf persönliches Vergnügen oder auf strenge Tugend abzielen. Das geschieht, weil wir eben weit mehr sind als nur unsere bewußte Persönlichkeit, gerade diese Tatsache aber versuchen wir durch unsere Einseitigkeit zu ignorieren. Wie bereits ausgeführt, bringt der Archetypus des Selbst genau diese Tatsache zum Ausdruck, und wir können mit Recht sagen, daß die Kompensation durch das Unbewußte, die unsere bewußten Absichten zunichtemacht, eine Aktivität des Selbst darstellt; und zwar eine Aktivität der »negativen Führung«, die mit der religiösen Idee vom »Zorn« Gottes vergleichbar ist.

Das Selbst als Schöpfer

Eine Weiterentwicklung des Bewußtseins ist nur durch die Aufnahme neuer bewußter psychischer Elemente möglich (Ideen, Beurteilungen, Einstellungen usw.); und dieser Vorgang kann als Bewußtwerdung von Dingen verstanden werden, die bis dahin unbewußt waren. Von diesem Standpunkt aus betrachtet ist das Unbewußte eine Vorratskammer psychischer Elemente, von denen entweder eins oder zwei zur gleichen Zeit bewußt werden. Von einem etwas anderen Blickwinkel aus gesehen ist es der Kräftespender, der das psychische Leben in Gang hält. Wenn wir von der Entwicklung der Psyche sprechen, dann setzen wir die Existenz eines bewußten Geistes voraus, zu dem das Unbewußte etwas beisteuern kann; aber das Bewußtsein selbst ist ja auch schon die Folge von Entwicklung. Ein neugeborenes Kind hat keinerlei Selbstbewußtsein, und während der ersten Jahre seines Lebens ist sein Bewußtsein höchstens bruchstückhaft vorhanden. Die Ausbildung eines organisierten zentralen Bewußtseins, das man als »Ich« begreift, ist Teil des Wachstumsprozesses. Man besitzt es keineswegs von Anfang an. Das Bewußtsein, so muß man sich vorstellen, wird aus dem Unbewußten »geboren«.

Gewisse Anregungen, die Dr. Fordham gegeben hat, gehen in diese Richtung. Er untersuchte die Angewohnheit mancher Kleinkinder, Kreise zu malen, und kam zu dem Schluß, daß eben diese Kreise im Geist des Kindes mit einem »Ich-Gefühl« in Zusammenhang stehen. Dabei handelt es sich bei den Kreisen allerdings kaum um Darstellungen des »Ich« des Ich-Bewußtseins, sie stellen vielmehr die Gesamtheit des Selbst dar, einschließlich der Möglichkeit ein erwachsenes Ich zu entfalten. Mit anderen Worten können derartige Kreise als Abbildungen des Selbst und als Symbole der geschützten Zone betrachtet werden, in der die Entwicklung des Bewußtseins stattfinden kann.

Die Entwicklung des Bewußtseins aus einem Zustand der Unbewußtheit heraus ist nur möglich, wenn der unbewußte Zustand schon der eines bestimmten Individuums ist. Anders ausgedrückt, bereits in der Psyche eines Säuglings ist die Möglichkeit individueller Entfaltung angelegt und sicherlich üben die im ursprünglichen unbewußten Zustand gespeicherten Möglichkeiten – unabhängig von der Vielzahl der Umstände, die den tatsächlichen Verlauf der Entwicklung bestimmen – auch einen entscheidenden Einfluß aus. Wenn wir uns das Selbst als Ausdruck der individuellen Gesamtheit eines Menschen vorstellen, dann müssen wir eben dieses Selbst als den Ursprung oder die Matrix ansehen, aus der heraus sich das bewußte Individuum entwickelt. Betrachten wir das Selbst außerdem als die potentielle Ganzheit, auf die das Leben eines Individuums ausgerichtet ist, so müssen wir es zusätzlich als führende und lenkende Kraft der Entwicklung des Bewußtseins verstehen. Auf diese Weise tritt das Selbst als Schöpfer und als Bewahrer des bewußten Individuums auf.

Das Selbst als Ziel

Der individuelle Geist, in welchem ein entwickeltes Bewußtsein auf einem Untergrund unentwickelter Elemente ruht, wird vom Selbst aus dem unbegrenzten Potential eines ursprünglich unbewußten Zustands geschaffen. Und er wird auch auf eine umfassende Entwicklung hingelenkt, in der die gesamte Psyche ihre Rolle im Leben des Individuums spielt. Dieses Ziel darf freilich nicht als ein endgültiger Zustand mißverstanden werden, in dem alles bewußt geworden ist, sondern man hat es sich vielmehr als eine dynamische Verbindung zwischen Bewußtsein und Unbewußtem vorzustellen, in der keines von beiden das letzte Wort hat. Aus diesem Grund verfügt das Ich in diesem Zustand auch nicht über eine allumfassende Kontrolle, sondern nimmt lediglich seinen ihm gemäßen Platz ein, d. h.

es trägt volle Verantwortung für die Aktivität des Bewußtseins und anerkennt gleichzeitig die Existenz noch anderer bestimmender Faktoren in der Psyche. Insgesamt gesehen muß man sagen, daß das Ich der Führung von etwas anderem untersteht.

Dieses andere, dem das Ich untergeordnet ist, ist nicht das Unbewußte; denn sonst wäre das Leben des Individuums ja ebenso einseitig wie unter der alleinigen Führung des Bewußtseins. Die letztendliche Kontrolle wird vielmehr von der Gesamtheit der Psyche ausgeübt, von der sowohl Ich-Bewußtsein als auch Unbewußtes nur partielle Ausdrucksformen sind. Das Ziel der Entwicklung erlaubt es dem Selbst also, sich in unserem Leben voll und ganz in der von ihm gewählten Weise auszudrücken – das Selbst steht also sowohl am Ende als Ziel als auch am Anfang als Ursprung und Schöpfer.

Das Selbst als eine Kraft

Das Selbst kann als eine intellektuelle Idee angesehen werden, mit deren Hilfe es möglich ist, eine große Vielfalt von Dingen, die im menschlichen Leben geschehen, miteinander in Verbindung zu bringen. Auf den ersten Blick scheint zwar kein Zusammenhang zu bestehen zwischen – sagen wir – einem Traum von einem in französischer Manier angelegten Garten, in dessen Zentrum die Statue einer griechischen Gottheit steht, und einem verheerenden Akt von Dummheit, der ein wichtiges, aber gewagtes Unternehmen total verdirbt. Aber anhand der Idee des Selbst kann man eine Beziehung zwischen beidem herstellen. Der Traum drückt die Notwendigkeit aus, unsere gesamte Persönlichkeit (die durch die wohlgeordnete Gartenanlage repräsentiert wird) um ein Kontrollzentrum herum (dargestellt durch den Gott) zu vereinigen; und der Akt der Dummheit ist die Folge davon, daß wir irgendeinen Aspekt unserer Persönlichkeit vernachlässigt haben. Im Traum manifestiert sich das Selbst als Ziel, im wachen Lebensablauf als »negative Führung«.

Wir haben in diesem Kapitel zu zeigen versucht, daß viele verschiedene Aspekte des Lebens durch diese Idee miteinander verbunden werden können und daß viele der wichtigsten Merkmale unseres Lebens als Ausdrucksweisen des Selbst oder als Einstellungen zum Selbst in einen Zusammenhang gebracht werden können.

Eine große Anzahl von Träumen, die wir als besonders beeindruckend und signifikant in Erinnerung haben, sind Ausdrucksformen des Selbst. Und wenn wir uns der geringen Bedeutung unseres eigenen Ich-Bewußtseins im Vergleich zu den anderen Kräften innerhalb der Psyche bewußt werden, dann gewinnen wir eine Einstellung zum Selbst. Als eine intellektuelle Idee läßt sich das Selbst am besten verstehen als eine Art Hinweis auf die so wichtige Tatsache, daß jeder von uns ein individuelles menschliches Wesen ist, in dessen Innerem mannigfaltige Kräfte und Fähigkeiten am Werk sind und das sich so entwickeln kann, daß diese Kräfte und Fähigkeiten auch Ausdruck finden.

Spricht man mit Leuten, die die Erfahrung einer psychologischen Analyse hinter sich haben, in dieser Weise über das Selbst, dann kann es einem passieren, daß sie sagen: »Du hast offensichtlich keine Ahnung, wovon du sprichst; das Selbst ist nicht nur eine Idee, ein Begriff, sondern vielmehr eine ganz reale Sache, eine aktive Kraft, die man nur kennen kann, wenn man sie erlebt hat.« Diese Ansicht ist teils richtig, teils falsch. Teilweise falsch deshalb, weil das Selbst ganz zweifellos auch eine Idee in unserem Geist ist: Man sagt doch, daß sich das Selbst auf sehr viele ganz unterschiedliche Weisen ausdrückt, die Verbindung zwischen diesen Möglichkeiten ist aber in der Erfahrung nicht gegeben. Wie das Beispiel zu Beginn dieses Abschnitts verdeutlicht, würden wir keinen Zusammenhang zwischen zwei verschiedenen Dingen vermuten, die aber beide, wie wir sahen, die Aktivität des Selbst manifestieren. Erst die Vorstellung vom Selbst, die wir bereits besitzen, macht eine solche Verbindung möglich. Es ist wichtig, sich dies zu vergegenwärtigen und zu erkennen, inwieweit das Selbst eine intellektuelle Idee oder ein intellektueller Begriff ist; ebenso wichtig ist es aber auch zu verstehen, in welcher Weise das Selbst als eine aktive Kraft betrachtet werden muß.

Man muß das Selbst sowohl als eine Kraft als auch als eine Idee begreifen, denn viele Ereignisse, die durch die Idee des Selbst miteinander verknüpft sind, bestehen aus Erfahrungen, bei denen eine Kraft auf uns eingewirkt hat. Als verbindende Idee muß das Selbst als der Ursprung derjenigen Kraft aufgefaßt werden, die als »Aktivität des Selbst« bezeichnet wird – folglich auch selbst als Kraftquelle. Eine sehr wichtige, wenn nicht überhaupt die wichtigste Anwendung der Idee des Selbst ist, es uns zu ermöglichen, über Erfahrungen zu sprechen und nachzudenken, die ein dynamisches Verhältnis zwischen dem Ich und den anderen Kräften, die innerhalb der Psyche wirken, beinhalten. Oft sieht sich das Ich psychischen Kräften ausgesetzt – oder zumindest in Beziehung mit ihnen –, die ihm etwas abverlangen oder sich ihm als Hindernisse entgegensetzen, und das ist nicht mehr nur Begriff oder Idee, sondern eine Tatsache menschlicher Erfahrung. Man kann versuchen, solche Erfahrungen zu deuten, indem man von Göttern und Dämonen spricht oder von dem einzigen Gott, der das Universum regiert, oder von sonst etwas; jedenfalls besteht auch die Möglichkeit, mit Hilfe der Idee des Selbst eine Erklärung zu geben.

Die Verwendung der Idee des Selbst, um über derartige Erfahrungen zu sprechen, ist ein wichtiges Unterscheidungsmerkmal zwischen der Psychologie Jungs und Freuds. Die klassische Freudsche Psychologie bedient sich im allgemeinen nicht der Idee von etwas so Absolutem, wie es das Selbst darstellt. Das Erleben psychischer Kräfte wird bei Freud vielmehr mit Hilfe von individuellen Kräften (wie dem sexuellen Trieb) erklärt, die im Prinzip vom Ich geführt und gelenkt werden können. Die Darstellung der Jungschen Psychologie dagegen beinhaltet die Idee vom unbekannten Selbst, das in keinster Weise vom Ich kontrolliert wird, sondern im Gegenteil selbst als letztendliche Kontrollmacht innerhalb der Psyche agiert. Die absolute Forderung, die normalerweise mit moralischen Werten verbunden ist, jedoch bei manchen Menschen auch im Zusammenhang mit ihrer Berufswahl oder ihrer Lebensweise auftritt, diese Forderung wurzelt im Selbst; und die Suche nach einem »letzten Beistand«, einem sicheren Ort, von dem aus man den Gefahren des Lebens ins Auge blicken kann, ist eine Sehnsucht nach dem Selbst. »Das Selbst« ist der Name, den wir der letzten Kraft innerhalb der Psyche geben – einer Kraft, die wir auf eigene Gefahr ignorieren.

Wir alle erfahren irgendwie einmal die Forderungen, die Führung und die Opposition des Selbst; aber wir gebrauchen in diesem Zusammenhang nur dann den Begriff des »Selbst«, wenn wir die Sprache der analytischen Psychologie beherrschen. Andere sprechen vielleicht von Gott oder ignorieren die Erfahrungen vollkommen. Das ist auch der Grund, warum die Begegnung mit dem Selbst als einer Kraft am häufigsten im Rahmen einer Analyse stattfindet.

Nicht nur, weil die Situation dort auf die Entfesselung der Kräfte des Unbewußten abzielt, sondern weil dies wohl die einzige Gelegenheit ist, bei der die Verwendung des Begriffes des Selbst zu erwarten ist. Im Verlauf einer Analyse kommt möglicherweise einmal der Zeitpunkt, an dem Analytiker wie Patient bewußt wird, daß sie mit einer Kraft zu rechnen haben, die ihre Arbeit steuert, die jedoch weder des einen noch des anderen bewußter Wille ist. Es ist vielmehr so, als ob eine dritte Partei hinzugekommen wäre; und es wird nach und nach auch immer deutlicher, daß das fruchtbare Ergebnis der Arbeit davon abhängt, wie weit Arzt und Patient dieser dritten Partei erlauben können, die Kontrolle zu übernehmen. Diese Erfahrung erinnert in gewissem Sinn an jene von Nebukadnezar, als er in den brennenden Ofen sah, in den er soeben drei Männer hatte werfen lassen: Dort nämlich wandelten die drei lebendig einher und wurden von einer vierten Person wie von einem Sohn der Götter begleitet.

10. Analyse

Theorie und Praxis

In den vorangegangenen Kapiteln dieses Buches ging es um Begriffe. Es wurde kaum etwas behandelt, was nicht eine ganz allgemeine Erfahrung eines jeden von uns darstellte, aber es wurde sehr viel über die Art und Weise gesagt, wie Jungianer ihre eigenen Begriffe gebrauchen, um über derartige Erfahrungen zu sprechen. Gewiß bekommen die Erfahrungen durch die Verwendung dieser Wörter zum Teil einen neuen Stellenwert – so ermöglicht beispielsweise der Gebrauch des Wortes »unbewußt« eine neue Betrachtungsweise der »merkwürdigen Vorgänge« (wie der Träume), die sich in unserem Leben abspielen – aber Worte allein machen noch keine Erfahrung. Unser Hauptanliegen war ja auch nur aufzuzeigen, wie eng die Begriffe der Psychotherapeuten an alltägliche Erfahrungen gebunden sind.

In gewissem Sinne ist es wohl ein Zufall, daß die psychologische Sprache so eng mit alltäglicher Erfahrung verknüpft ist, andrerseits ist dies jedoch unvermeidlich. Der Chirurg hat eigene Worte, um die Dinge im menschlichen Körper zu beschreiben, mit denen er im Rahmen seiner chirurgischen Arbeit zu tun hat; diese Bezeichnungen lassen sich aber im allgemeinen nicht im täglichen Leben anwenden. So haben wir meist nichts mit den inneren Organen unseres Körpers zu tun, die der Chirurg während einer Operation zu Gesicht bekommt, und haben deshalb auch keine Gelegenheit, darüber zu sprechen. Die psychologischen Begriffe wurden geprägt, um über die Ereignisse sprechen zu können, die im Verlauf von psychotherapeutischer Arbeit auftreten. Die dafür geeigneten Bezeichnungen hätten vielleicht auch wenig Relevanz für die Vorgänge des täglichen Lebens. Doch hat der Psychotherapeut kein Messer, mit dem er die Teile des Geistes freilegen könnte, die normalerweise im Innern verborgen sind; er kann das Unbewußte nur durch das Bewußtsein des Patienten bloßlegen. Dieses Bewußtsein ist aber das gleiche, mit dem der Patient sein tägliches Leben bewältigt; daher werden die Ausdrücke der Psychotherapeuten auch über ihre spezielle Arbeit hinaus verwendet.

Es wäre auch falsch zu glauben, daß in jeder Analyse lange Diskussionen geführt werden über Archetypen, Projektion und die anderen Dinge, die wir hier dargestellt haben. Derartiges kommt zur Sprache, wenn man über Psychotherapie spricht, nicht wenn man sie praktiziert; es ist vergleichbar der medizinischen Theorie und nicht dem, was der Arzt mit seinem Patienten redet. Die Diskussion in einer Analyse dreht sich um die Probleme und Schwierigkeiten des Patienten, nicht um die Theorie des Analytikers. Um das bisher Dargelegte ins rechte Licht zu rücken, muß nun noch etwas über die Psychotherapie selbst, d. h. über die analytische Situation gesagt werden. Was ist psychologische Analyse? Was geschieht während einer Analyse? Und was ist der Zweck des Ganzen?

Analysieren

Fragt man jemand, der weder mit Psychotherapeuten noch mit psychologischer Analyse zu tun gehabt hat: »Wer analysiert eigentlich was?«, dann wird er wahrscheinlich antworten: »Ich nehme an, der Analytiker analysiert den Geist des Patienten« – und genau das ist es, was man eigentlich erwarten würde. Jungianer jedoch sprechen nicht in dieser Weise. Der Patient sagt: »Ich mache eine Analyse«, und auch der Analytiker »macht eine Analyse mit dem und dem«. Sicher ist der Analytiker der Arzt, aber er wird nie behaupten, daß er den Patienten analysiert; denn er weiß ganz genau, daß der Patient derjenige ist, der die Arbeit tut. Der Arzt kann eine höchst zutreffende Diagnose der Beschwerden des Patienten stellen; er kann die Situation vollendet analysieren; aber so lange das nur seine eigene Idee ist, d. h. so lange der Patient dem nicht zustimmt, was der Arzt denkt oder sagt, so lange ist überhaupt nichts Bemerkenswertes geschehen. Der Patient leistet die Arbeit mit Hilfe des Analytikers. Ein Analytiker hat einmal andere Formen der Psychotherapie folgendermaßen mit einer vollen Analyse verglichen: »Dort sagt man dem Patienten, was er wissen sollte; eine Analyse dagegen bedeutet den Aufwand vieler Jahre, um dem Patienten dabei zu helfen, selbst herauszufinden, was er wissen sollte!«

Eine persönliche Beziehung

Die klassische Freudsche Psychologie (die Psychoanalyse) arbeitet noch immer mit der aus der Medizin kommenden Vorstellung, daß ein Arzt etwas für seinen Patienten tut. Der Freudsche Analytiker hält sich (soweit er es kann) abseits, um auf diese Weise den Problemen des Patienten objektiv gegenüberstehen zu können. Ob so etwas für einen Analytiker überhaupt möglich ist oder nicht, das ist eine reine Ermessensfrage; aber ganz gleich, ob es zu verwirklichen ist oder nicht, Jung besteht darauf, daß es ein Fehler sei. Seiner Meinung nach ist die Beziehung, die sich im Lauf der Analyse herausbildet, von seiten des Analytikers eine persönliche Beziehung zum Patienten, im Rahmen derer der Analytiker bereit ist, seine gesamte Persönlichkeit in die Arbeit zu investieren.

Solch ein persönliches Verhältnis, das durch die analytische Situation entsteht, unterscheidet sich in zwei Punkten von normalen zwischenmenschlichen Beziehungen. Der erste Unterschied besteht darin, daß dieses Verhältnis von Anfang an auf Offenheit und uneingeschränkter Bejahung des anderen basiert. Das ist es auch, was ihm die heilende Kraft gibt. In normalen persönlichen Beziehungen dagegen bleibt, wie es sich gehört, immer ein Element der Zurückhaltung; man nimmt den Charakter und die Neigungen des Partners wahr und tut oder sagt (so weit möglich) nichts, was diesen irgendwie in Bedrängnis bringen könnte; auf der anderen Seite erwartet man ebenso eine gewisse Rücksichtnahme auf die eigenen Standpunkte. Außerdem gibt es nur sehr wenige Menchen, die bereit sind, sich vor einem anderen vollständig bloßzustellen, so daß auch dadurch Barrieren in unseren Beziehungen bleiben. Der Grundsatz des Analytikers jedoch lautet, daß nichts, absolut gar nichts, was der Patient sagt oder tut, ihr Verhältnis zerstören wird; und der Patient muß wissen (oder es im Verlauf der Analyse lernen), daß, wie offen und rückhaltlos er auch immer in seiner Selbstdarstellung sein mag, er trotzdem stets vom Analytiker anerkannt wird. Diese Offenheit und absolute Bejahung des anderen kann für viele eine echte Offenbarung sein; und sie ist eines der wichtigsten Merkmale der analytischen Situation. Der andere Punkt, in dem sich eine solche Beziehung von den meisten anderen persönlichen Beziehungen unterscheidet, ist der, daß hier das Verhältnis selbst ein wichtiges

Gesprächsthema zwischen den beteiligten Menschen bildet.

Einen Großteil über sich selbst und über seine Beziehung zu anderen Menschen lernt der Patient, indem er sein Verhältnis zum Analytiker überprüft. Ist aber eine echte persönliche Beziehung zustande gekommen, ist der Patient nicht der einzige, der ihren Charakter prägt; der Analytiker hat einen ebenso großen Einfluß darauf. Das bedeutet, daß der Patient sich so lange keine allzu klare Vorstellung von dem machen kann, was er dazu beigetragen hat, so lange er nicht einigermaßen über das Zutun des Analytikers Bescheid weiß. Der Analytiker muß dem Patienten helfen, indem er ihm das klarzumachen sucht. Folglich muß der Analytiker seine Beziehung zum Patienten untersuchen, um diesen in die Lage zu versetzen, sein Verhältnis zum Analytiker zu durchleuchten. So findet der Patient vielleicht heraus, daß er den Analytiker sehr stark als Vater behandelt. Dann ist es sehr wichtig für ihn zu entdecken, warum er dies tut und inwieweit er vom Analytiker etwas zu bekommen sucht, das ihm sein leiblicher Vater vorenthalten hat. In solch einer Situation neigt der Analytiker leicht dazu, den Patienten als Sohn oder Tochter zu behandeln und von ihm sogar etwas zu erwarten, das er in der Beziehung zu seinen eigenen Kindern vermißt hat. Und dieser Gefahr – das ist absolut wesentlich – muß sich der Analytiker bewußt sein; er darf nicht in die Rolle des Vaters verfallen oder muß sich zumindest, wenn er glaubt, es doch tun zu sollen, davon überzeugen, daß der Patient weiß, was dabei vor sich geht. Dieses Beispiel ist freilich ein sehr elementares, das auf die Mehrzahl aller analytischen Situationen irgendwie übertragen werden kann.

Jungs Auffassung von der analytischen Beziehung basiert auf den Erfahrungen von Analytikern; aber sie läßt sich ohne Schwierigkeiten auch theoretisch rechtfertigen. Ein Arzt, der eine körperliche Krankheit behandelt, befaßt sich mit den Funktionen des Körpers; und der Körper eines Individuums funktioniert weitgehend auf dieselbe Weise, egal wo er sich befindet. Damit soll nun keineswegs abgestritten werden, daß die geistige Verfassung eines Patienten seinen körperlichen Zustand beeinflußt, aber an einer kranken Leber beispielsweise ändert sich nicht viel, selbst wenn der Mensch von daheim ins Krankenhaus gebracht wird. Der Arzt oder der Chirurg ist normalerweise in der Lage, den Körper ohne Rücksicht auf die Beziehungen zu behandeln, die der Patient zu anderen Menschen und auch zum Arzt hat. Der Analytiker dagegen hat mit der Persönlichkeit seines Patienten zu tun, und die Persönlichkeit eines Menschen kann eben nicht von dessen persönlichen Beziehungen getrennt werden – denn sie wird weitgehend durch die persönlichen Beziehungen geformt, die das Individuum eingegangen ist, und kommt außerdem fast ausschließlich im Rahmen der persönlichen Beziehungen zum Ausdruck. Daraus folgt, daß jede Beschäftigung mit einem Patienten, bei der es um dessen Persönlichkeit geht, notwendigerweise auch dessen menschliche Beziehungen miteinbeziehen muß. Und nur wenn der Analytiker »innerhalb« einer echten persönlichen Beziehung arbeiten kann, besteht die Hoffnung, daß er dem Patienten wirklich dabei helfen kann, seine Psyche zu verstehen.

Projektion und Übertragung

Selbstverständlich spielt Projektion in der Analyse eine wichtige Rolle. Und oft entdeckt der Patient die Existenz unbewußter Elemente nur dadurch, daß er sie auf den Analytiker projiziert. Gleichwohl ist höchstwahrscheinlich bei jeder engen persönlichen Beziehung eine ganze Menge Projektion mit im Spiel. Der Unterschied besteht nur darin, daß die Analyse die Gelegenheit zur Überprüfung dieser Vorgänge bietet und die analytische Beziehung auf diese Weise ein besonderes Verhältnis wird, das auch Licht auf alle anderen persönlichen Beziehungen wirft. Viele normale Beziehungen würden allerdings unwiderruflich zerstört werden, wenn man sie auf die gleiche Weise untersuchen wollte, wie Patient und Analytiker ihre Beziehungen im Rahmen der analytischen Situation erforschen.

Der Patient projiziert auf den Analytiker Elemente seiner eigenen Psyche, derer er sich nicht bewußt ist; und dann verhält er sich so, als ob diese Elemente ein persönlicher Wesenszug des Analytikers wären. Nehmen wir beispielsweise an, der Patient hat stets versucht, großzügig zu sein und keine allzu kritische Haltung gegenüber dem Verhalten anderer Menschen einzunehmen. Das kann bedeuten, daß er eine nicht unerhebliche Neigung, andere Leute zu kritisieren, verdrängt hat und daß er, um sich großzügig zu zeigen, gegen die

Versuchung, sich wie eine alte Jungfer aufzuführen, hatte ankämpfen müssen. In solch einem Fall projiziert der Patient dann möglicherweise seine Altjüngferlichkeit auf den Analytiker, was ein Verhältnis zwischen Patient und Analytiker zur Folge hat, das durch die Tendenz des Analytikers, den Patienten zu tadeln, charakterisiert wird, bzw. es kommt dem Patienten zumindest so vor. In einer derartigen Situation geschieht eines von zwei Dingen. Wenn der Analytiker die Rolle des mißbilligenden Kritikers annimmt (was man allerdings nicht von ihm erwarten würde), dann verurteilt er von nun an tatsächlich die Dinge, von denen der Patient (unbewußt) wünscht, daß sie mißbilligt werden; und der Patient findet größten Spaß daran, zu kommen und über solche Dinge zu sprechen, damit diese verurteilt werden können. Unter solchen Umständen wird jedoch absolut nichts erreicht, und die Analyse schleppt sich dahin, ohne auch nur irgend jemandem etwas zu nützen. Schließlich besteht die Aufgabe des Analytikers ja darin, daß er sich dessen, was vor sich geht, bewußt wird und sich deshalb weigert, seine echten Ansichten durch Projektion verzerren zu lassen. Denn nur so kann er den Patienten allmählich in die Lage versetzen, zwischen dem, was er (der Analytiker) tatsächlich denkt und dem, was er (der Patient) auf ihn projiziert hat, unterscheiden zu lernen. Auf diese Weise gelangt der Patient vielleicht am Ende zu der Einsicht, daß der Hang zu überkritischem und altjüngferlichem Verhalten sein eigener ist und daß er, ohne seine Großzügigkeit aufzugeben, dieser anderen Seite auch etwas Aktionsraum zugestehen muß. Übrigens gibt es eine ganze Menge Leute, die derartige Einstellungen ebensowenig anerkennen und mit ihnen ins Reine kommen wollen, wie andere ihre unbewußten sexuellen Begierden wahrhaben wollen.

Man sollte sich auf jeden Fall klarmachen, daß es sich bei Projektion um einen höchst subtilen Vorgang handelt, den man nur mit sehr viel Übung und Erfahrung erkennen kann. Normalerweise projiziert der Patient ja auch nicht einfach irgend etwas auf den Analytiker, sondern nur ganz bestimmte Dinge, die zu dem speziellen Analytiker, mit dem er es zu tun hat, passen. Mit anderen Worten, die Projektion bringt leicht neue Aspekte des Charakters des Analytikers zum Vorschein; und eben deshalb ist ein Analytiker nur nach sehr, sehr viel Übung imstande, zwischen seiner eigenen Einstellung und derjenigen zu unterscheiden, die der Patient auf ihn projiziert. Die Bedeutung, die dieser Trennung zukommt, kann den Analytiker möglicherweise zum entgegengesetzten Fehler verleiten: Während er auf der Hut ist, ja nicht die Einstellung anzunehmen, die der Patient auf ihn projiziert, verfälscht er möglicherweise gleichzeitig seine eigene Einstellung. Wenn also der Patient beispielsweise versucht, eine mißbilligende Haltung auf seinen Analytiker zu projizieren, dann besteht die Gefahr, daß letzterer auch seine echte Mißbilligung verheimlicht, um die Wirkung der Projektion zu kompensieren; das aber kann die Beziehung letztlich genauso verfälschen wie die Projektion selbst. Der Analytiker muß zwar den Patienten anerkennen, ganz gleich, was dieser sagt, das bedeutet aber nicht, daß er der Meinung sein muß, der Patient habe in allem, was er tut, recht.

»Übertragung« ist eine besondere und äußerst wichtige Form von Projektion, die in sehr vielen analytischen Situationen eine wesentliche Rolle spielt. Eine Übertragung geschieht dann, wenn der Patient auf den Analytiker solche Eigenschaften projiziert, die er früher seinen Eltern zugeschrieben hat, und wenn er auf diese Weise dem Analytiker gegenüber die gleiche Haltung einnimmt, wie er sie als Kind zu seinen Eltern hatte. Die Hauptgründe, warum so etwas in einer Analyse recht häufig geschieht, liegen auf der Hand: Erstens besteht eine echte Parallele zwischen der Eltern-Kind-Beziehung und derjenigen zwischen Analytiker und Patient, da in beiden Fällen jemand beim anderen Hilfe und Unterstützung sucht; zweitens gibt es sehr viele Menschen, bei denen die geistigen Schwierigkeiten bereits im Kindesalter begannen und deren geistige Verstörtheit von dem Umstand herrührt, daß sie früher keine angemessene Beziehung zu ihren Eltern hatten. Die Übertragungssituation innerhalb der Analyse ermöglicht es dem Patienten, seine Kindheitsprobleme wiederaufzugreifen und sich nun auf Erwachsenen-Art mit ihnen zu beschäftigen.

Eine Übertragung ist entweder »positiv« oder »negativ«, wobei sich diese Auffassung letztlich auf die Tatsache bezieht, daß unsere Einstellung zu unseren Eltern unweigerlich eine zwiespältige ist. Auf der einen Seite ist es wesentlich, daß sich das heranwachsende Kind sowohl körperlich als auch geistig auf seine Eltern stützen kann; es ist im Hinblick auf seine körperlichen Bedürfnisse, wie auch im Hinblick auf Liebe und Kameradschaft sowie Führung und

Lenkung auf sie angewiesen. Dieser Aspekt der Eltern-Kind-Beziehung wird wiederholt, wenn eine positive Übertragung auf den Analytiker stattfindet. Auf der anderen Seite muß das heranwachsende Kind lernen, auf eigenen Füßen zu stehen, für sich selbst zu sorgen, eigene Ideen zu entwickeln und sein eigenes Leben zu führen. Seinem Streben, eben das zu tun, stehen die Eltern jedoch im Wege, ganz gleich, ob sie versuchen, das Kind in Abhängigkeit zu halten oder nicht. Für den heranwachsenden jungen Menschen verkörpern die Eltern Sicherheit und Schutz vor den Gefahren des Lebens, un er kann nur lernen, auf eigenen Füßen zu stehen, wenn er bereit ist, diese Sicherheit aufzugeben. Deshalb muß er, auch wenn er sich gegen die Eltern selbst garnicht zur Wehr setzen muß, dennoch gegen seinen eigenen Wunsch nach Fortbestehen ihres Schutzes und ihrer Führung ankämpfen. So gesehen stellen die Eltern verhaßte Feinde dar, die einen Menschen daran hindern, sein eigenes Leben zu führen, Feinde, von denen sich zu trennen man gleichzeitig aber auch nicht ertragen kann. Dieser Aspekt der Eltern-Kind-Beziehung spiegelt sich in einer negativen Übertragung wieder.

Findet eine positive Übertragung statt, dann erweckt der Patient den Eindruck, vom Analytiker vollkommen abhängig zu sein; er weigert sich, selbständig zu denken und hört allem, was der Analytiker sagt, offenbar aufmerksam und verständig zu. Er versucht dem Analytiker in jeder Hinsicht zu gefallen. Das mag vom Standpunkt des Analytikers aus zwar als recht erfreulich erscheinen, ist jedoch in Wirklichkeit ein recht unbefriedigender Zustand, der die ganze Analyse womöglich ad absurdum führt. Denn schließlich ist es nicht Sinn und Zweck einer Analyse, dem Patienten eine oder zwei brauchbare Ideen und Gewohnheiten beizubringen, sondern dieser soll ja in die Lage versetzt werden, so weit wie irgend möglich sein eigenes Leben zu leben. Damit eine positive Übertragung echten Nutzen bringt, muß der Analytiker den Patienten auf eigene Füße stellen; und zwar muß er das so tun, daß er sich von ihm zurückzieht, ohne jedoch den gleichen emotionalen Schock auszulösen, der durch den Verlust oder den Entzug eines geliebten Elternteiles hervorgerufen wird. Bei einer negativen Übertragung verläßt der Patient meist trotzdem den Analytiker nicht; denn gewöhnlich spiegelt sie die Situation wieder, in der das Kind es eben nicht schafft, die von den Eltern gebotene Sicherheit aufzugeben. Doch obwohl er auf einer Fortsetzung der Arbeit besteht, lehnt der Patient alles, was der Analytiker sagt und tut, aufs heftigste ab. In vieler Hinsicht ist diese Situation allerdings eine noch hoffnungsvollere Basis für eine erfolgreiche Arbeit als eine positive Übertragung; einfach weil hier der Patient wenigstens aus Opposition gegen den Analytiker eigene Ideen zu entwickeln versucht. Es wäre nun freilich falsch zu glauben, daß eine Analyse ohne eine Übertragung nicht durchgeführt werden könnte; Tatsache ist jedoch, daß bei einer Großzahl analytischer Situationen eine solche stattfindet.

Eine Analyse, das bedeutet: Erzeugung einer Situation, wo sich im Rahmen einer persönlichen Beziehung etwas ereignet und wo eben diese Ereignisse beobachtet und untersucht werden können. Empfindet man unter normalen Umständen beispielsweise Ärger und Verachtung für jemanden, dann ist die Folge davon meistens, daß man das gegenseitige Verhältnis vergiftet und den anderen veranlaßt, sich zu verteidigen und eine ebenso aggressive Haltung wie die eigene einzunehmen; und das wiederum bestärkt einen selbst nur noch in der eigenen Einstellung und zerstört so jede Hoffnung auf eine sinnvolle Beziehung. Äußern wir dagegen im Rahmen einer Analyse Ärger und Verachtung gegenüber dem Analytiker, so verteidigt sich dieser nicht mit Hilfe von Aggression oder Zurückweisung, sondern er zwingt uns, die eigene Einstellung zu überprüfen und ihren Ursprung vielleicht in uns selbst zu suchen. Eine solche Überprüfung und Diskussion der Einstellung des Patienten hängt von zwei Dingen ab: erstens von der Bereitschaft des Analytikers, jede Haltung des Patienten anzuerkennen, und zweitens von der Bereitschaft des Patienten, über das eigene Tun nachzudenken. Im täglichen Leben sind diese beiden Dinge nur sehr selten gleichzeitig vorhanden. Sicherlich ist es möglich, daß ein Mensch die Feindschaft eines anderen hinnimmt (das ist ja auch die Bedeutung der Aufforderung Jesu, die zweite Backe ebenso hinzuhalten) – diese Einstellung zeitigt gewiß recht positive Ergebnisse; nur geschieht es leider sehr selten, daß wenn der eine bereit ist, die Feindschaft des anderen hinzunehmen, dieser andere dann gleichzeitig bereit ist, seine feindliche Haltung einer sorgfältigen Überprüfung zu unterziehen.

Es ist wohl deutlich geworden, daß die Arbeit des Analytikers voller Schwierigkeiten und Gefahren steckt. Ganz gleich, wie gut seine Ausbildung war und wie lange er sich selbst analysiert hat, der Analytiker bleibt trotzdem ein menschliches Wesen mit eigenem unbewußtem Charakter und eigenen Verdrängungen. Indem er eine persönliche Beziehung mit seinem Patienten eingeht, liefert er sowohl diesen als auch sich selbst den Kräften aus, die im Unbewußten eines jeden von beiden existieren – und diese Kräfte können sehr stark und gefährlich sein.

Das Ziel des Analytikers

Es ist ganz natürlich, daß man die Frage stellt: »Was versucht ein Analytiker eigentlich zu tun?« Wer darauf aber eine Antwort zu bekommen sucht, der wird bald sehr enttäuscht sein. Am Anfang weiß der Patient meist ziemlich genau, was er von der Analyse erwartet, nämlich die Symptome loszuwerden, die ihn irritieren. Der Analytiker hat da jedoch eine etwas andere Einstellung zu der Arbeit. Von seinem Standpunkt aus gesehen sind die Symptome des Patienten das Zeichen für ein allgemeines Unbehagen der Psyche, und er befaßt sich nicht so sehr mit den speziellen Problemen, die dem Patienten wichtig erscheinen, sondern vielmehr mit der psychischen Entwicklung des Patienten. Selbstverständlich muß er dem Patienten bei der Darstellung seiner Symptome und der Beschreibung seiner unmittelbaren Probleme folgen, aber er erwartet auch, daß die wahren Probleme des Patienten diesem selbst verborgen sind und erst im Lauf der Arbeit ans Tageslicht kommen. Es kann geschehen, daß die Symptome eines Patienten nach einer gewissen Zeit verschwinden und dieser daraufhin die Analyse beenden will; aber das trifft doch vergleichsweise selten ein. Weitaus häufiger fühlt sich der Patient sehr eng mit der analytischen Arbeit verbunden und ist nicht bereit, sie aufzugeben, auch wenn er sich schon lange nicht mehr mit seinen ursprünglichen Symptomen befaßt.

Der Analytiker beginnt eine Analyse nie mit dem Vorsatz, den Patienten an dieses oder jenes Ziel zu bringen. Seine Einstellung ist vielmehr die, daß innerhalb der Psyche des Patienten psychische Kräfte am Werk sind, daß der Patient aufgrund eben dieser psychischen Kräfte zur Analyse gekommen ist und daß es Gegenstand der Analyse ist, mit diesen Kräften zusammenzuarbeiten. Der Beitrag des Analytikers zu der Arbeit besteht nicht darin, die Entwicklung des Patienten zu lenken, sondern dessen bewußte Vorbehalte und Sperren aus dem Weg zu räumen, die die Kräfte in seinem Inneren daran hindern, ihn den richtigen Weg zu führen. Ferner glaubt der Analytiker auch nicht, sämtliche Antworten auf das Problem des Patienten zu kennen; er sieht sich vielmehr als jemand, der vom Patienten um Hilfe gebeten wurde und der bereit ist, alles in seinen Kräften stehende zu tun – egal in welche Richtung der Patient geht. Wie bei allen anderen Berufen gibt es auch Analytiker, die diese Arbeit aus falschen Motiven gewählt haben. Das richtige Motiv ist ganz klar das, daß ein Mensch von Kräften, die jenseits seiner bewußten Kontrolle liegen, dazu gebracht wird, die Arbeit eines Analytikers aufzunehmen. Und nachdem er sich diesem Beruf verschrieben hat, wendet sich dieser oder jener Patient um Hilfe an ihn. Welchen Effekt seine Hilfe dann haben wird, das weiß der Analytiker nie.

Eine Analyse, die zu einem »erfolgreichen Abschuß« gekommen ist, so etwas gibt es nicht; es gibt lediglich analytische Situationen, die beendet wurden – sei es, weil dieser bestimmte Analytiker dem Patienten alle in seiner Macht stehende Hilfe gegeben hat, sei es, weil in der Beziehung irgend etwas schiefgelaufen ist. Ideal ist es wohl, wenn eine Analyse so lange andauert, wie dabei etwas geschieht, d. h. solange sich die Beziehung zwischen Analytiker und Patient weiterentwickelt und der Patient mehr über sich selbst entdeckt. Es ist aber auch möglich, daß das Verhältnis in eine Sackgasse gerät und der Patient dennoch darauf besteht, es aufrechtzuerhalten. In so einem Fall kann der Patient recht haben, und eine lange Leerlaufzeit ist vielleicht notwendig, bevor eine weitere Entwicklung stattfinden kann. Der Patient kann sich aber auch täuschen, und die Analyse (mit diesem bestimmten Analytiker) sollte besser beendet werden. Doch können derartige Fragen nie im Vorhinein geklärt werden, und deshalb müssen Analytiker wie Patient eben nach bestem Wissen urteilen; das einzige, was man mit Sicherheit sagen kann, ist, daß eine Analyse so lange weitergeht, bis sie beendet wird. Und man kann ferner feststellen, daß die meisten Menschen, die eine Analyse über einen längeren Zeitraum hinweg ernsthaft gemacht haben, eine neue Lebenseinstellung gewonnen haben, die es ihnen erlaubt, mit den Problemen, die sich für sie durch Begegnungen mit anderen Personen ergeben, besser fertig zu werden als vorher.

Nachwort

Einige Gedanken
zur Lehre C. G. Jungs

Vor einigen Jahren sprach ich mit einem Jungianer über die Verwendung einer Couch bei der Analyse, und er sagte mir damals, daß es in vielen Fällen Dinge gebe, die ohne eine Couch nicht erreicht werden könnten. Wenige Wochen später jedoch berichtete mir ein anderer Analytiker, daß er in seinem Sprechzimmer gar keine Couch mehr hätte. »Ich hatte eine, bevor ich umzog«, sagte er, »aber da sie nie jemand benützte, schien sie ziemlich überflüssig zu sein.« Bei beiden Analytikern handelte es sich um Jungianer, die sich gegenseitig sehr schätzten. Der Grund, warum ich diese eher alberne Geschichte hier anführe, ist der, daß ich daran deutlich machen will, wie unmöglich es ist, Allgemeingültiges über die Ideen oder die Praktiken von Jungianern zu sagen. Die Auffassung, daß es nur einen einzigen, d. h. nur einen einzigen richtigen Weg für alle gibt, widerspricht nämlich gerade dem Denken und der Lehre Jungs und seiner Anhänger. Man kann nicht einfach auf ein System oder auf eine Methode verweisen und sagen: »Das ist analytische Psychologie!« Und das ist auch einer der Gründe, warum man nicht einen bestimmten Entwicklungsprozeß beschreiben und von diesem sagen kann: »So hat sich die analytische Psychologie entwickelt.«

Die enorme Bandbreite der unterschiedlichen Ansichten von Jungianern ist jedoch nur einer der Gründe hierfür. Ein anderer, ebenso wichtiger ist der, daß die praktische Anwendung der analytischen Psychologie nur ein Aspekt dessen ist, was man die Lehre C. G. Jungs nennen könnte. Und wie so vieles geht auch diese Tatsache auf Jung selbst zurück. Man braucht nur einen Blick auf seine Schriften zu werfen, um zu sehen, bis zu welchem Grad er sich mit Dingen beschäftigte, die weit von jedem Sprechzimmer entfernt waren; obwohl dort natürlich sein Ausgangspunkt lag, zu dem er auch immer wieder zurückkehrte. Jungs Gedanken und seine Untersuchungen reichten von den Religionen der Welt, von alten Mythen und Sagen bis zur Alchemie des Mittelalters und zu modernen Stammesbräuchen; er schrieb über die Bibel (»Antwort auf Hiob«), fliegende Untertassen, Parapsychologie und eine Unmenge anderer Dinge. Er beschäftigte sich mit allem, was dem menschlichen Geist entsprang, und seine Ideen sind für jede Art von menschlicher Aktivität ebenso relevant wir für die Praxis der Analyse. Wollte man versuchen zu beschreiben, wie sich die Lehre von C. G. Jung weiterentwickelt hat, dann müßte man dem Einfluß Jungscher Ideen auf eine Vielzahl von Bereichen nachgehen. Um hier nur ein Beispiel zu nennen: die Opern von Michael Tippett sind direkt von Jungschem Gedankengut beeinflußt.

Die Lehre Jungs ist mehr als alles andere eine Denkungsart, eine Lebenseinstellung. Als man mich bat, ein Schlußkapitel über die »spätere Weiterentwicklung« hinzuzufügen, da wußte ich, daß dies – zumindestens für mich – eine nicht zu bewältigende Aufgabe sein würde. Aus diesem Grund kann ich nur eine Art persönlicher Würdigung geben, eine ganz persönliche Darstellung dessen, was ich als den Inhalt der Lehre von C. G. Jung betrachte.

»Im Vordergrund meines Interesses und meines Forschens stand die brennende Frage: ›Was geht in den Geisteskranken vor?‹«[1] So beginnt Jung die Berichte über seine psychiatrischen Studien; und in gewissem Sinn bedeutet das wohl, daß er nicht in allererster Linie Therapeut war. Womit freilich nicht gesagt werden soll, daß Jung kein Therapeut war; nur befaßte er sich eben nicht ausschließlich mit Psychotherapie. Man könnte diesen Tatbestand vielleicht an einer völlig andersartigen Beschäftigung, nämlich der des Kraftfahrzeugmechanikers, veranschaulichen. Wie oft habe ich mich schon maßlos darüber geärgert, daß wenn irgend etwas an meinem Auto kaputt war, der Mechaniker den Schaden zwar reparierte, mir anschließend jedoch nicht sagen konnte, was eigentlich los gewesen war. Trotzdem hatte der Mechaniker zweifellos die Arbeit getan, die von ihm verlangt worden war, denn wichtig war schließlich, daß das Auto jetzt wieder funktionierte. Ein anderer Mechaniker freilich wird vielleicht wissen wollen, was tatsächlich getan wurde, was kaputt

[1] Erinnerungen, Träume, Gedanken von C. G. Jung. Aufgezeichnet und herausgegeben von Aniela Jaffé. Stuttgart/Zürich 1962, S. 121.

gewesen war und wie es repariert wurde. Und dieses Verlangen nach Wissen, dieses Bedürfnis zu lernen gehört – so könnte man sagen – in Wirklichkeit zur Arbeit des Reparierens dazu, denn der Mechaniker, der verstehen möchte, was geschah, will nur deshalb eine Erklärung, weil er ein besserer Mechaniker werden, weil er in der Lage sein will, andere defekte Autos zu reparieren. Das ist genau der Punkt, auf den ich hinauswill. Für den Psychotherapeuten, dessen erstes und hauptsächlichstes Anliegen es ist, zu helfen und zu heilen, für den sind Theorien über das, was im menschlichen Wesen vor sich geht, von nur sekundärem Interesse – für ihn haben diese Theorien nur den einen Zweck, bei der Therapie behilflich zu sein. Für Jung dagegen war das nicht so. Die für ihn »brennende Frage« war ganz eindeutig mehr als nur der Wunsch, sich selbst so gut wie möglich für die therapeutische Arbeit auszurüsten. Was ihn beschäftigte, das hatte Berechtigung in sich selbst und reichte von dem Problem »Was geht tatsächlich im Geisteskranken vor?« bis hin zu dem »Was geschieht in der menschlichen Psyche?« – einer Frage, die letztlich hinter allem stand, was Jung tat.

Aber auch noch in anderer Hinsicht war C. G. Jung nicht nur das, was man normalerweise unter einem Therapeuten versteht. Aus psychologischer Sicht ist »Gesundheit« ein sehr schwer zu definierender Begriff; die meisten Leute, die eine Therapie anstreben, wollen aber wahrscheinlich von irgendeiner geistigen Störung befreit werden, damit sie ein in ihrem Sinne »normales« Leben führen können. Noch einmal sei hier betont, daß Jung weder dazu unfähig noch daran desinteressiert war, auf solche Weise zu helfen, daß aber sein eigentliches und hauptsächliches Ziel ein ganz anderes war. Er spricht im allgemeinen mit ungeheurem Respekt von seinen Patienten; nur in einem Fall hat sein Ton fast etwas Verächtliches: nämlich wenn er von einem »normalen« Mann, einem Arzt, berichtet. Von diesem sagt er: »Er hatte normalen Erfolg, eine normale Praxis, eine normale Frau, normale Kinder, wohnte in einem normalen kleinen Haus in einer normalen kleinen Stadt, er hatte ein normales Einkommen und wahrscheinlich auch eine normale Ernährung!«[2] Und nachdem Jung erklärt, wie froh sie beide, er und dieser Arzt, waren, als die Analyse zu einem Ende gebracht worden war, schließt er:

[2] Erinnerungen, Träume, Gedanken von C. G. Jung, S. 140.

»Gleich darauf kehrte der Träumer in seine Heimat zurück. Das Unbewußte hat er nie mehr angerührt. Seine Tendenz zur Normalität entsprach einer Persönlichkeit, die durch die Konfrontation mit dem Unbewußten nicht entwickelt, sondern nur gesprengt worden wäre.«[3] Jung hat einmal eingestanden, daß, ganz gleich welche Hilfe er anderen zu geben vermochte, sein Augenmerk stets denjenigen galt, die imstande und bereit waren, sich infolge einer Begegnung mit dem Unbewußten weiterzuentwickeln, und die durch eine Analyse dazu angeregt wurden, Fähigkeiten, die bisher in ihrem Inneren verborgen waren, zu aktivieren.

Diese Einstellung zu seiner Arbeit stand in engem Zusammenhang mit Jungs unentwegter Hervorhebung des Individuums. Oft wies er darauf hin, daß man an einem Küstenstreifen voller Kieselsteine zwar eine durchschnittliche Größe und ein durchschnittliches Gewicht dieser Kiesel berechnen könnte, aber kein einziger Stein tatsächlich genau diese Größe und dieses Gewicht zu haben brauchte. Manchmal verwendet Jung die Worte »durchschnittlich« und »normal« so, als seien es schmutzige Worte. Seiner Meinung nach besitzt jeder Mensch seinen eigenen, besonderen »Lebensmythus«, den er im Verlauf seines Lebens aus- und durchlebt. Aus seinen Schriften ergibt sich, daß er glaubte, daß niemand auch nur die geringste Wahl hat; denn ob wir wollen oder nicht, wir müssen notgedrungen unseren Mythus ausleben. Und trotzdem stehen wir gleichzeitig vor einer höchst wichtigen Entscheidung: Der Entscheidung, ob wir unseren eigenen Mythus annehmen und ihn so wissentlich und so bewußt wie möglich ausleben wollen oder ob wir ihn ablehnen und versuchen, einen Weg unserer eigenen bewußten Wahl zu gehen. In letzterem Fall leben wir unseren Mythus nicht bewußt und aktiv aus, sondern dieser beherrscht uns gegen unseren Willen, und die Folge ist Verwirrung und Bedrängnis. Dieser Gedanke bildet den Hintergrund zu der Behauptung Erich Neumanns, daß Ödipus kein echter Held war, weil er nicht wußte, was er wirklich tat, weder als er seinen Vater tötete noch als er seine Mutter heiratete; und daß seine Selbst-Blendung nichts als die Anerkennung der Blindheit darstellt, die ihn von Anfang an umgeben hat.[4]

[3] Erinnerungen, Träume, Gedanken von C. G. Jung, S. 142.
[4] Erich Neumann: Ursprungsgeschichte des Bewußtseins, München 1968, S. 135 f.

Jungs Hervorhebung des Individuums und der besonderen und eigenen Entwicklung eines jeden Menschen ist und bleibt ein wichtiges Element in seiner Lehre und in der Einstellung von Analytikern seiner Schule. Sie kommt auch in der folgenden Aussage eines Patienten zum Ausdruck, der bemerkte: »Jetzt ist mir klar, daß ich nicht wegen meiner Klaustrophobie in die Analyse kam, sondern daß ich Klaustrophobie bekam, um zu einer Analyse veranlaßt zu werden.«[5] Mit anderen Worten, das Symptom, die Störung, die man zunächst als die Quelle von Ärger und Not loswerden möchte, wird nach und nach zu einem Hinweis auf ein ganz anderes, viel weitreichenderes Bedürfnis. Und das bedeutet, daß Zweck und Ziel einer Analyse weit mehr sind als nur die Beseitigung der Ursache für irgendein Leiden; das umfassendere Ziel ist Integration oder Individuation des Menschen.

Es ist nicht zu vermeiden, daß sich innerhalb des Bereichs der Therapie der Schwerpunkt verlagert. Der Analytiker heilt von Berufs wegen und weil er sich dazu berufen fühlt. Und die überwiegende Zahl der Menschen bedarf eben einer Wiederherstellung und Linderung oder muß lernen, mit einer geistigen Störung zu leben. Die Menschen, die zu einer wirklichen Begegnung mit dem Unbewußten fähig sind und ihre eigenen tieferen Fähigkeiten entfalten können, sind in der Minderzahl. Selbst wenn es keine andere Begründung gäbe, wäre es unmöglich, erstere so ohne weiteres links liegen zu lassen. Denn selbst wenn Altruismus und Fürsorge versagen, besteht ein ganz andersartiges Druckmittel: Der Analytiker folgt nicht nur einer Berufung, sondern er muß außerdem seinen Lebensunterhalt verdienen; und schon deshalb ist er nicht in der Lage, einen Großteil derer, die zu ihm kommen, abzuweisen, weil sie nicht dazu fähig sind, so weit zu gehen, wie er es gerne hätte. Abgesehen davon, wie kann er wissen, ob ein Mensch zu der einen oder zu der anderen Sorte gehört, außer im Nachhinein? Trotzdem bleibt in der Lehre Jungs die alles übergreifende Idee von der Entwicklung der eigenen individuellen Persönlichkeit eine Hoffnung, auch wenn diese nicht immer ein tatsächlich realisierbares Ziel sein kann.

In Übereinstimmung mit seiner Betonung des Individuellen und seiner Ablehnung des Durchschnittlichen und Normalen hat Jung

[5] Vgl. Gerhard Adler: Das lebendige Symbol. München 1968.

weder eine Methode der Analyse noch gar ein psychologisches System angeboten. Sein Ziel war vielmehr – und das hat er auch immer wieder unterstrichen – die Aufzeichnung dessen, was er beobachtete; er vermied Theorie und System. Er beschaffte sich sein Material beispielsweise durch eigene Beobachtung afrikanischer Stämme oder aus alten und obskuren Büchern und Manuskripten; er zog sowohl das, was in seinem eigenen Geist vor sich ging, als auch seine Erfahrungen mit Patienten heran. So sehr war Jung darauf bedacht, den empirischen Charakter seiner Arbeit deutlich zu machen, daß in seinen Büchern zuweilen die Aufzählung relevanter Ereignisse und Berichte ein solches Ausmaß annimmt, daß dadurch nicht nur der Leser abgelenkt, sondern auch der zugrundeliegende Aufbau verwischt und verborgen wird. Trotzdem ist ein solcher Aufbau stets vorhanden, denn selbst in seiner allerletzten Analyse waren die Tatbestände, die er festhielt, genau diejenigen, die er aufzuzeichnen beschlossen hatte und die innerhalb seines eigenen Denkgerüstes einen ganz bestimmten Platz einnahmen. Und eben dieses Gerüst ist es, das der Lehre Jungs ihren Stellenwert, ihren Standort und ihre Besonderheit verleiht.

Und wie in seinem Denken, so verfuhr Jung auch bei seiner analytischen Arbeit. Er sagte: »Der Mensch ist seine Methode« und bestand darauf, daß das höchste Gut, das der Arzt in seine Arbeit einbringen kann, seine eigene Persönlichkeit und seine Sorge um den Patienten sei. In einer Hinsicht war er sogar der Meinung, daß der Therapeut möglichst gar keine bestimmte Methode haben sollte, aber freilich nur in dem besonderen Sinn, daß er eben (sofern das möglich wäre) alle Methoden beherrschen sollte. Jung beabsichtigte keineswegs, den Analytiker vom Gebrauch jeglicher Methode zu befreien, sondern ihm lediglich freizustellen, sich der jeweils angemessenen Methode zu bedienen. Seiner Meinung nach sollte der Analytiker, vertraut mit den Methoden und erfahren in ihrer Anwendung, einfach als Mensch auf die analytische Situation reagieren. »Sollte der Leser jedoch zum Schlusse kommen, daß wenig oder nichts an der Methode liege«, schrieb Jung, »so wäre das ein Zeichen dafür, daß meine Auffassung vollkommen mißverstanden worden ist.«[6] Und doch bleibt die Methode zweitrangig gegenüber der Per-

[6] C. G. Jung: Praxis der Psychotherapie. Gesammelte Werke, Band 16. Zürich 1958, S. 147.

sönlichkeit des Analytikers – und der des Patienten. Aus diesem Grund sollte man auch von einem Analytiker nicht sagen können, er arbeite auf diese oder jene Weise. Es mag sein, daß er sich bei Ihnen so oder so verhalten hat, ständig schwieg, sich Träume erzählen ließ, ohne eine Interpretation zu geben; oder daß er übermäßig viel sprach und jeden Traum irgendwie kommentierte. Wie immer sich der Analytiker auch verhalten hat, es bedeutet keine Gewähr, daß er mit allen Patienten auf diese Weise arbeitet. Alles, was Sie wissen, ist nur, daß sich der Analytiker X, eben weil er X ist, mit Ihnen in dieser Weise beschäftigt hat, mit Ihnen, der Sie der sind, der Sie sind, mit Ihren ganz speziellen Problemen. Es ist nicht nur so, daß der Analytiker seine Persönlichkeit in die Analyse einbringt; vielmehr ist ja auch jede analytische Beziehung zwischen zwei Menschen in ihrer Art einmalig und läßt einen Stil entstehen, der eben dieser Einzigartigkeit angemessen ist.

Für diese Einzigartigkeit der analytischen Beziehung trifft das gleiche zu, was wir über den Lebensmythus des Individuums gesagt haben: Es besteht keine Möglichkeit, sie bewußt auszuwählen, sondern sie ist etwas, das sich ereignet – ob es uns nun gefällt oder nicht. Was uns überlassen bleibt, ist einzig und allein die Entscheidung, ob wir den Tatbestand anerkennen und begrüßen wollen – nicht nur als eine Herausforderung, sondern auch als ein wichtiges Element in der analytischen Arbeit – oder ob wir ihn zu leugnen suchen und als Fallstrick und Hindernis betrachten. Der Analytiker, der eine genau abgesteckte, strikte Methode verfolgt, der rigoros versucht, bei allen Patienten »der gleiche« zu sein, der darauf besteht, daß es nur eine richtige Arbeitsweise gibt – welche er selbstverständlich stets anzuwenden versucht –, ein derartiger Therapeut handelt sehr stark seiner Persönlichkeit entsprechend und wird von dem Bedürfnis nach Rückhalt getrieben, die ihm die Kenntnis und die Anwendung der anerkannten Methode vermittelt. Ein solcher Analytiker schließt keineswegs seine eigene Persönlichkeit von der Beziehung aus; glaubt er jedoch, das zu tun, dann gebraucht er seine Methode, um vor sich selbst das Ausmaß zu verbergen, in dem seine eigene Persönlichkeit seine Arbeit beeinflußt.

Ob zu Recht oder zu Unrecht, auf jeden Fall betrachtete Jung die von Freud verwendete Couch als ein Schutz- und Defensivwerkzeug, um die Persönlichkeit des Analytikers abzuschirmen und um

eine Gegenübertragung zu vermeiden. Er schrieb: »Freud hat schon
das Phänomen der sog. ›Gegenübertragung‹ erkannt. Kenner seiner
Technik wissen, wie sehr dieselbe daraufhin tendiert, die ärztliche
Person möglichst außerhalb der Reichweite dieser Wirkung zu halten. Dazu gehört z. B., daß sich der Arzt hinter den Patienten setzt
und ebenso, daß er sich den Anschein gibt, als ob die Übertragung
ein Produkt seiner Technik sei ...«[7] Jung zog es vor, seinen Patienten gegenüberzusitzen – eine Anordnung, die der Realität gerecht
wird, die Jung dieser Situation zuschrieb, nämlich der Realität einer
Begegnung zweier Menschen, bei der beide eine aktive Rolle spielen
und zu der beide einen Beitrag leisten.

Diese Vorstellung von einer Begegnung, zu der beide Teilnehmer
etwas beisteuern, weist auf ein weiteres Charakteristikum des Jungschen Ansatzes hin. Es ist dies die Idee eines »Dritten«. Wenn zwei
Menschen zusammentreffen, dann müssen wir sowohl das betrachten, was *zwischen* ihnen geschieht, als auch das, was in jedem Einzelnen vor sich geht; und was zwischen ihnen liegt, ist weder der
eine noch der andere, noch beide, sondern eben vielmehr etwas
Drittes. Diese Idee bietet noch einmal die Gelegenheit, die enorme
Reichweite der Gedanken Jungs aufzuzeigen. In sich selbst ist diese
Idee einfach und wohl auch einleuchtend; und es ist sogar wahrscheinlich, daß die meisten Jungianer (ich würde es nicht wagen zu
behaupten »alle«) zustimmen würden, daß sie wahr und wichtig ist.
Dennoch kann diese Idee in unerhört vielen verschiedenen Formen
auftreten. Am einen Ende der Skala bedeutet sie nichts weiter, als
daß sich Analytiker und Patient enorm aufeinander einstellen, was
zur Folge hat, daß sich jeder in der Gegenwart des anderen um einiges anders verhält, als er es bei jeder dritten Person tun würde. Eine
andere mögliche Auslegung ist die, daß zwischen den beiden eine
Aufgabe liegt und daß sich alles, was jeder von ihnen tut, mit dieser
gemeinsamen Aufgabe und Arbeit befaßt. Und am entgegengesetzten Ende der Skala steht womöglich die Auffassung, daß hinter der
bewußten Absicht jedes Teilnehmers vielleicht irgendein anderer,
ausschlaggebender Sinn oder Zweck steht, dem beide in gewisser
Weise dienlich sind. Ähnlich, wie sich unbekannte Archetypen in
einer Vielfalt von archetypischen Bildern offenbaren, so wird dem

[7] C. G. Jung: Praxis der Psychotherapie, S. 183.

unbekannten Dritten in einer Vielzahl von Deutungen und Erklärungen bewußter Ausdruck und Sinn verliehen.

Trotz Jungs kritischer Bemerkungen über die Technik von Sigmund Freud würde ich im Sprechzimmer eines Jungianers eine Couch erwarten. Der Stuhl des Analytikers wäre wahrscheinlich so plaziert, daß er gleichermaßen günstig steht, egal ob sich der Patient auch in einen Stuhl setzt oder sich auf die Couch legt. Vom Stuhl aus würde der Patient den Analytiker nicht direkt ansehen, sondern vielmehr quer durch den Raum blicken; allerdings genügte nur eine winzige Bewegung, um das zu ändern und den Analytiker geradewegs anzuschauen. Auch von der Couch aus bestünde für den Patienten die Möglichkeit, nicht aber die Notwendigkeit, zum Analytiker hinüberzusehen. Dieses wären meine ganz persönlichen Erwartungen, von denen ich jedoch glaube, daß sie in vielen Sprechzimmern enttäuscht würden! Ich würde weiter erwarten und als typisch für die Jungsche Lehre betrachten, daß es einem eintretenden Patienten selbst überlassen bliebe, ob er sich auf den Stuhl setzen oder auf die Couch legen möchte. Natürlich meine ich damit nicht, daß er gefragt würde, was er lieber hätte; er sollte vielmehr das tun können, was er will.[8] Wenn eine Analyse erst einmal gut angelaufen ist, dann kann der Analytiker einen Wechsel vom Stuhl zur Couch, oder umgekehrt, vorschlagen; die endgültige Entscheidung und Wahl sollte er jedoch stets dem Patienten überlassen – obwohl die Bedeutung, die einem solchen Vorschlag beigemessen wird, von Analytiker zu Analytiker sehr stark variiert.

Abgesehen davon, ob Jung recht hatte oder nicht, als er die Verwendung der Couch bei Freud als defensiven Kunstgriff einstufte, so wurde diese gewiß nicht in einem solchen Sinn auch bei Jungianern üblich. Ihr Gebrauch muß vielmehr mit einem herausragenden Ereignis in Verbindung gebracht werden, das in London stattfand und das man wohl als traumatisch bezeichnen kann. Es handelt sich um den enormen Einfluß, den die Arbeiten von Melanie Klein, Winnicott und Fairburn – alle drei Anhänger Freuds – auf die Mit-

---

[8] Dies ist vielleicht eine gute Stelle, um darauf hinzuweisen, daß nicht nur Jungianer Dinge tun, die Jung gelehrt hat! Und daß manche, von denen ich sagen würde, sie handeln im Sinne von Jung, dies bestreiten würden. Ich kann nur wiederholen, daß die Lehre Jungs nicht aus diesem oder jenem System besteht, sondern eine Einstellung ist und daß ich in diesem Schlußkapitel einfach gewisse Elemente auswähle, die u. a. diese Einstellung ausmachen.

glieder der *Society of Analytical Psychology* in London ausgeübt haben; was aber wiederum auf eine Richtung des Jungschen Ansatzes zurückzuführen ist.

Es ist inzwischen wohl allgemein bekannt, daß Freud den ersten Lebensjahren eines Individuums eine besondere Bedeutung beimaß, besonders was die Entwicklung sexueller Gefühle und Interessen betraf. Jung hat die Wichtigkeit der ersten Lebensphase zwar nie direkt geleugnet, neigte aber auf der anderen Seite dazu, etwas leichtfertig über sie hinwegzugehen. Nicht, daß er sie ignoriert oder bestritten hätte, daß in vielen Fällen eine sorgfältige Analyse der frühen Entwicklung wesentlich und sinnvoll sein kann; aber er rief gleichzeitig den Eindruck hervor, als gäbe es in der Analyse weitaus Wichtigeres zu tun. Jung beschrieb Freuds Technik als »reduktiv« und betrachtete sie als eine Art notwendiges Übel, als etwas, das möglicherweise getan werden muß, um den Weg für die wirklich wichtigen Dinge zu ebnen. Obwohl Jung das Individuum so sehr hervorhob, neigte er doch stets dazu, dies in Verbindung mit dem kollektiven, primitiven und archetypischen Material zu tun und weniger in Verbindung mit den Einzelheiten persönlichen Lebens. Diese Tendenz wird auch aus einer Geschichte deutlich, die er in »Erinnerungen, Träume, Gedanken von C. G. Jung« erzählt.[9] Jung träumte von »seinem« Haus. Er erforschte dieses im Traum gründlich; im gut möblierten oberen Stockwerk begann er und drang schließlich zu einer Höhle, die noch unterhalb des Kellers lag, vor, wo »dicker Staub am Boden« lag; »und darin lagen Knochen und zerbrochene Gefäße wie Überreste einer primitiven Kultur«. Dort entdeckte er auch zwei menschliche Schädel. Diesen Traum erzählte er Freud, der ihn daraufhin immer wieder auf die Totenköpfe ansprach, weil er – so Jung – an den im Traum zutagegetretenen heimlichen Todeswünschen interessiert war. Mit einer gewisen Naivität berichtet Jung dann weiter, daß er, weil er wissen wollte, was geschehen würde, Freud anlog und die Schädel als die seiner frisch angetrauten Ehefrau und seiner Schwägerin identifizierte, obwohl er genau wußte, »daß nichts in mir war, das auf solche Wünsche hinwies«. Seine eigene Interpretation des Traumes könne Freud, so behauptet Jung, freilich in keiner Weise nachvollziehen. Für Jung

[9] ebenda S. 163 f.

nämlich vermittelte der Traum ein Bild von der Psyche, wobei das obere Stockwerk das Bewußtsein darstellte und der unterste Teil des Hauses (die Höhle) »die primitive Seele des Menschen«, die »an das Leben der Tierseele« grenzt, »wie auch die Höhlen der Urzeit meist von Tieren bewohnt wurden, bevor die Menschen sie für sich in Anspruch nahmen«.

Die Tendenz, der frühkindlichen Lebensphase eine besondere Bedeutung beizumessen, ist wohl in allererster Linie eine Frage, inwieweit man das tut. Die Idee, daß in jedem Erwachsenen ein Kind steckt, wird wahrscheinlich allgemein anerkannt, wobei es allerdings zwei recht verschiedene Möglichkeiten gibt, sich mit dieser allgemein anerkannten Tatsache zu befassen. Einerseits könnte man der Meinung sein, daß sich die analytische Arbeit vorrangig mit dem Kind zu beschäftigen habe, damit die Verwirrungen, die seine Entwicklung gestört haben, aufgedeckt und aufgelöst und ihm die Unterstützung und Zuwendung entgegengebracht werden, die es braucht, um sich einzurichten und zu wachsen. Auf der anderen Seite stünde die Auffassung, daß die Arbeit in erster Linie dem Erwachsenen gelten sollte; was freilich kein Ignorieren des Kindes im Erwachsenen bedeuten würde, sondern vielmehr nur, daß der Erwachsene sich dieser kindlichen Seite bewußt werden, sich in Beziehung zu ihr setzen und sie, wenn nötig, hegen und pflegen müßte. Der Unterschied liegt hierbei wohl überwiegend im Ansatz begründet; aber abgesehen davon ist es ja auch offensichtlich, daß sowohl der eine wie auch der andere Ansatz in einem bestimmten Fall vollkommen unangemessen sein kann – denn wie bereits gesagt, ist die Art der analytischen Arbeit von Patient zu Patient ebenso verschieden wie von Analytiker zu Analytiker.

Da englische, besonders Londoner Jungianer dazu übergingen, dem Ablauf der persönlichen kindlichen Lebensphase besondere Bedeutung beizumessen, und infantile Einstellungen wieder zu reaktivieren versuchten, war für viele von ihnen die Idee einer Begegnung von Angesicht zu Angesicht nicht in allen Stadien der Analyse richtig und angemessen. In dem Maße nämlich, in dem man erwartet, daß der Patient sich in die Lage des Kindes zurückversetzt, muß er auch einen Halt und Unterstützung bekommen, muß er sich gehen lassen können. Sitzt er jedoch dem Analytiker gegenüber, so ist er gezwungen, zumindest bis zu einem gewissen Grad, bewußt eine

Position einzunehmen und sich an der zwischenmenschlichen Beziehung zu beteiligen. Auf der Couch liegend gelingt es dem Patienten möglicherweise leichter, sich in die Unzulänglichkeit und fast vollständige Abhängigkeit des Kindes zurückzuversetzen. Die Couch wird also als eine Hilfe für den Patienten angesehen; sie hilft ihm, Bereiche zu entdecken und zu erforschen, die sonst durch die Notwendigkeit, sich selbst zu behaupten und sich irgendwie unter Kontrolle zu halten, blockiert werden. Mit der Couch als Schutz des Analytikers hat dies nichts zu tun.

Die Betonung des Kollektiven, Primitiven und Archetypischen, die mit einem geringeren Interesse für die Einzelheiten individueller Entwicklung einhergeht, wurde häufig mit einer Art Jungscher »Mystik« in eine, wenn auch nicht wesentliche Beziehung gebracht. Das erinnert mich an einige deutsche Philosophen nach Kant, die zuweilen den Eindruck erwecken, als hätten sie sich in einem von Nebeln durchzogenen deutschen Wald verirrt, umgeben von Bewohnern einer anderen Welt. Paßt man nicht auf, dann findet man sich plötzlich wieder inmitten eines ritualen Tanzes, zu dem sich Anima-Figuren und Schatten, Animus-Gestalten und alte Weise, verschlingende Mütter und kluge alte Männer mit der Fackel des Logos in der Hand zusammengefunden haben. Man bekommt den Eindruck, daß eine geheime und rituale Sprache gesprochen wird. Eine derartige Sprache kann jedoch bestenfalls eine nützliche Kurzschrift, ein Kommunikationsmittel zwischen Menschen sein, die diese Sprache kennen, die verstehen, was hinter den einzelnen Worten steht, und die vor allem wissen, wie sie diese Sprache mit dem, was tatsächlich im Leben der Menschen passiert in Beziehung setzen müssen. Im schlimmsten Fall wird eine solche Sprache jedoch anmaßend, verschleiernd und sogar geradezu lästig.

In vieler Hinsicht boten Melanie Klein und andere ein entgegengesetztes Extrem zu diesen Aspekten der Lehre Jungs. Melanie Klein selbst legte ganz besonderen Nachdruck auf die allerfrüheste Lebensphase, auf die ersten neun Lebensmonate etwa, und auf die Beziehung zwischen dem Säugling und seiner Mutter; letztere läuft ja wohl größtenteils auf die Beziehung zwischen Säugling und Mutterbrust hinaus. Die »persönliche« Erfahrung (sofern ein neugeborenes Kind überhaupt schon als eine echte »Person« verstanden werden kann) in dieser frühesten Periode betrachtete sie als ausschlaggebend für die gesamte weitere Entwicklung, da in dieser Zeit bereits die grundlegenden Strukturen zwischen menschlicher Beziehungen festgelegt würden und da man außerdem festgestellt hatte, daß der Erwachsene in Schmerzsituationen und unter Druck immer wieder wie ein Kleinkind reagiert. Im Gegensatz zur Sprache Jungscher Mystik stehen diese Ideen mit einer ganz anderen, vermeintlich tatsachenbezogeneren und erdverbundeneren Ausdrucksweise in Zusammenhang. Hier geht es um »reale« Dinge, wie Brüste und Saugen, Nahrungsaufnahme und Kranksein, um die Annahme guter Brüste und die Ablehnung schlechter Brüste oder darum, von diesen vergiftet zu werden, usw. Ein Anhänger Kleins würde zweifellos behaupten, daß dieser Ansatz einfach, erdverbunden und lebensnah sei; und dennoch wird dem kritischen Betrachter schon bald deutlich, daß auch hier sich eine gute Portion Symbolismus eingeschlichen hat. Und am Ende kann man lediglich das gleiche sagen wie zuvor, nämlich daß es sich auch hier, was die Sprache betrifft, um eine wertvolle Kurzschrift für diejenigen handelt, die sich ihrer zu bedienen wissen, und daß auch diese im schlimmsten Fall genauso verschleiernd wirken und sogar noch ärgerlicher werden kann als die andere.

Selbst wenn man es hauptsächlich als eine Frage des Ansatzes und der verlagerten Betonung sieht, so brachte die Einführung Kleinscher Ideen in das Gedankengut von Jung doch einen echten Widerspruch mit sich, einen Gegensatz, der jedoch innerhalb des Rahmens Jungscher Lehre ausgetragen wurde. Spannungen und Meinungsverschiedenheiten traten auf, aber eine Spaltung konnte dennoch vermieden werden – was erneut die große Bandbreite und Flexibilität der Lehre Jungs unter Beweis stellt. Selbst das Gerede von Kleinschen Jungianern und Jungschen Jungianern bedeutete eine Anerkennung der Tatsache, daß beide Gruppen Jungianer waren. Vielleicht wurden sogar manche Londoner Analytiker rückblickend sagen, daß sie, obwohl einst beinahe zu »Ketzern« geworden, am Ende doch zu anerkannten Vorstreitern der Lehre Jungs wurden – was aber nicht heißt, daß Jungianer in Zürich diesen Anspruch ohne weiteres billigen würden!

Das Vermeiden einer Spaltung stand in voller Übereinstimmung mit dem Geist Jungschen Denkens; denn die Idee von den »Gegensätzen« und ihrer möglichen Integration war ja stets ein zentrales

Thema Jungs. Als es z. B. immer klarer wurde, daß sich sein Ansatz von dem Freuds und anderer Unterschied, stellte Jung seine Position wiederholt so dar, daß sie sowohl Freuds Betonung der Sexualität als auch Adlers Ideen von Macht und Herrschaft gerecht wurde, und indem sie das tat, über beide hinausging. Nachdem er die beiden anderen Standpunkte ziemlich ausführlich dargelegt hat, schreibt Jung: »Man kann die beiden Erklärungen nicht einfach aufeinanderlegen, denn sie widersprechen sich absolut«[10]; und »da nun beide Theorien in weitgehendem Maße richtig sind«, und schließlich »die Unvereinbarkeit der beiden... Theorien erfordert einen übergeordneten Standpunkt, in welchem sie zu einer Einheit zusammenkommen können«[11]. Auch noch an vielen anderen Stellen äußert sich Jung in ähnlicher Weise und deutet an, daß seiner Meinung nach sein eigener Standpunkt eine vermittelnde Position in bezug auf die beiden anderen einnimmt. Es gibt wohl keinen einzigen Band seiner Gesammelten Werke, in dem nicht ausführlich und wiederholt von »Gegensätzen« die Rede ist. In »Mysterium Conjunctionis« beispielsweise wird der Leser Seite um Seite mit Gegensatzpaaren der einen oder anderen Sorte konfrontiert. Wiederholt stellt Jung das Bewußtsein und das Unbewußte als »Gegensätze« dar, die sich manchmal widersprechen, manchmal aber auch ergänzen oder gegenseitig kompensieren. Die Idee von den Gegensätzen und ihrer etwaigen Integration nimmt in allen Jungschen Stellungnahmen einen zentralen Platz ein.

Jung betont vor allem ständig, wie notwendig und wichtig es ist, die »Gegensätze« im persönlichen Leben und in der persönlichen Entwicklung zu sehen und anzuerkennen. In der Praxis bedeutet das: Die Seite seiner selbst sehen, die nicht entwickelt ist, d. h. die abgelehnte, mindere, dunkle böse Seite, die Jung »den Schatten« nennt. Im Mittelpunkt allen Jungschen Denkens steht die Überzeugung, daß alles, was existiert, Teil einer Gesamtheit ist (sowohl im Makrokosmos als auch im Mikrokosmos, wie der Mensch einer ist) und daß deshalb die Ablehnung oder Zerstörung irgendeines Elementes einen Schaden oder eine Verstümmelung der Gesamtheit bedeutet,

---

[10] C. G. Jung: Zwei Schriften über Analytische Psychologie. Gesammelte Werke, Band 7, S. 43
[11] ebenda, S. 44

nicht deren Läuterung.[12] Mitunter sind sehr wertvolle Perlen im Mist versteckt; und – von einem anderen Standpunkt aus gesehen – wer sind wir denn überhaupt, um zu beurteilen, was Wert besitzt und was nicht? Bei Jung wird das Unbewußte stets als Quelle und Ursprung wertvoller Dinge und neuer Schöpfungen gesehen. Wird es jedoch falsch behandelt, dann kann das äußerst gefährlich sein; andererseits kann man in Zusammenarbeit mit ihm etwas Lohnendes hervorbringen. Dieselbe zentrale Idee gibt auch der Jungschen Analyse ihre »Würze«; letztlich ist sie der Versuch, die Gegensätze zu aktivieren und die Beziehung zwischen ihnen aufrechtzuerhalten. »Nicht um eine Konversion ins Gegenteil«, so schreibt Jung, »sondern um eine Erhaltung der früheren Werte zusammen mit einer Anerkennung ihres Gegenteils, darum handelt es sich.« Und er fügt hinzu: »Das bedeutet Konflikt und Entzweiung mit sich selbst.«[13] Aus solch einem Konflikt heraus, und zwar so, daß die Vernunft, wie den gesunden Menschenverstand herausgefordert werden, entwickelt sich dann – davon ist er überzeugt – etwas Neues, ein übergeordnetes, in dem die Gegensätze in Einklang zusammenkommen können.

Die Notwendigkeit, die Gesamtheit so anzuerkennen, wie sie sich uns darbietet – nicht wie wir sie gerne hätten und vor allem nicht, wie wir glauben, daß sie sein sollte – das ist eine Aufgabe, die für die meisten von uns sehr schwer zu meistern ist. Das bedeutet freilich nicht, daß wir aufhören sollten, uns moralische Urteile zu bilden, oder daß wir den Unterschied zwischen dem, was wir böse und dem, was wir gut nennen, verwischen sollten; es besagt auch nicht, daß wir es nicht mehr wagen sollten, unseren Beurteilungen entsprechend zu handeln. Es heißt vielmehr, daß wir an unserer eigenen Vorstellung von gut und böse festhalten, gleichzeitig aber anderen zugestehen sollten, daß sie die entgegengesetzte Meinung vertreten; es heißt, den Unterschied zwischen gut und böse in aller Deutlichkeit aufrechterhalten und dennoch anerkennen, daß das, was wir als

[12] Das bedeutet freilich nicht, daß es nicht Situationen gibt, in denen eine solche Maßnahme notwendig ist. Es heißt allerdings, daß, wenn so etwas nötig ist, es eine unselige Notwendigkeit darstellt und nicht unternommen werden sollte, ohne daß man sich darüber im klaren ist, womit man es zu tun hat. Vor allem aber sollte so etwas nicht zu einer Tugend gemacht werden.
[13] C. G. Jung: Zwei Schriften über Analytische Psychologie, S. 82.

böse betrachten, ebenso wie das Gute ein Bestandteil der Gesamtheit ist und in ihr auch seinen Platz hat; es heißt, entsprechend der eigenen Beurteilung zu handeln und trotzdem zu wissen, daß das eigene Urteil keinerlei Anspruch darauf erheben kann, irgendeine letztendliche Wahrheit zu beinhalten. Eine solche Einstellung ist der erste Schritt auf dem Weg, der – laut Jung – zu Integration und Individuation führt.

Bibliografische Anmerkungen

Dies ist keine »Bibliografie« im strengen Sinne des Wortes. Es ist vielmehr eine Auswahl einiger weniger Bücher, eine Auswahl, die sehr stark von persönlichem Interesse bestimmt wurde. Teilweise sind die genannten Werke sogar vergriffen.

1. FÜR DEN ANFANG

Drei populäre Klassiker sind:

Sigmund Freud: »Die Traumdeutung«. Gesammelte Werke, Bd. 2. Frankfurt a. M. 1961
Sigmund Freud: »Über den Traum«. Gesammelte Werke, Bd. 3
Sigmund Freud: »Zur Psychopathologie des Alltagslebens«. Gesammelte Werke, Bd. 4

Diese Werke muten uns heute vielleicht etwas altmodisch an, jedoch bilden sie eine recht gute Grundlage und sind in weiten Bereichen auch heute noch nicht überholt.

2. C. G. JUNG

a) Die Zeit des Bruches mit S. Freud

»Wandlungen und Symbole der Libido« (1912)

Für die Gesamtausgabe wurde der Text neu bearbeitet und erschien nun unter folgendem Titel:

»Symbole der Wandlung. Gesammelte Werke, Bd. 5. Zürich/Stuttgart 1952

Diese Fassung ist anders und zweifellos besser, jedoch von weit weniger historischem Interesse. Die zuerst erschienene Fassung betrachtete C. G. Jung als unverhüllte Darlegung seiner Meinungsverschiedenheiten mit Freud. Er wußte, so sagte er, daß Freud seine Ansichten unmöglich billigen konnte. Heute jedoch scheint diese Schrift Jungs Freud am nächsten zu stehen. Und deshalb ist die erste Fassung von besonderem Interesse.

»Psychologische Typen« (erschien zuerst 1921) Gesammelte Werke, Bd. 6

Auch dieses Buch entstand laut Jung in der Zeit des Bruches mit Freud. Er sei nämlich, so sagte er, dadurch zum Studium der »Typen« angeregt worden, daß er bemerkte, wie er selbst, Freud und Adler aufgrund fundamentaler Unterschiede in ihrer psychologischen Struktur auch unterschiedliche Ideen und Theorien entwickelten.

Die Schrift selbst unterstützt die darin vertretene These, denn Jung scheint – seinem Typus entsprechend – das ursprüngliche Problem völlig aus den Augen zu verlieren und von der allgemeinen Untersuchung als solcher und um ihrer selbst willen fasziniert und gefangengenommen zu sein.

Es ist ein wichtiges Buch, besonders für diejenigen, die wissen möchten, was Jung selbst unter »Introversion« verstand, bevor dieser Begriff von der statistischen Psychologie trivialisiert wurde.

b) Einführendes

Möchte man von C. G. Jungs Schriften gefesselt werden, dann ist es gleichgültig, womit man beginnt. Sucht man jedoch eine halbwegs kurze, knappe, verständliche und von Jung selbst verfaßte Einführung in seine Psychologie, dann empfehle ich:

»Zwei Schriften über Analytische Psychologie«. Gesammelte Werke, Bd. 7

Die sehr bekannte Schrift »Das Seelenproblem des modernen Menschen« (Gesammelte Werke, Bd. 10) ist zu populärwissenschaftlich, um einen echten Eindruck zu vermitteln.

Interessiert einen sowohl der Mensch Jung als auch seine Schriften, so kommt einer Autobiographie am nächsten:

»Erinnerungen, Träume, Gedanken von C. G. Jung«. Aufgezeichnet und herausgegeben von Aniela Jaffé. Stuttgart/Zürich 1962

Für dieses Buch wäre es gut, schon einiges über Jungs Gedanken zu wissen.

c) Psychologie und Religion

Die meisten Schriften C. G. Jungs zum Thema Religion enthält Band 11 der Gesammelten Werke. Entsprechend lautet der Titel dieses Bandes:

»Zur Psychologie westlicher und östlicher Religion«

Es lassen sich drei Aufsätze aus diesem Band empfehlen, die unter dem Titel »Psychologie und Religion« zusammengefaßt sind. Ferner noch die Schrift »Antwort auf Hiob«, die auch separat erschienen ist. Allerdings ist sie nur für denjenigen verständlich, der bereits Jungs Einstellung zur Religion kennt und damit sympathisiert.

d) Psychologie und Alchemie

Die kürzeste und bündigste Darstellung der Beziehung zwischen den Vorstellungen der Alchimisten und der analytischen Psychologie ist:

»Die Psychologie der Übertragung«. In: »Praxis der Psychotherapie«. Gesammelte Werke, Bd. 16

Ausführlicher wird das Thema behandelt in:

»Psychologie und Alchemie«. Gesammelte Werke, Bd. 12
»Mysterium Conjunctionis«. Gesammelte Werke, Bd. 14

Keines dieser Bücher eignet sich besonders für Anfänger.

e) Weiterführende Darstellungen

Zwei kleine Schriften von besonderem Interesse sind:

Jung und Pauli: »Naturerklärung und Psyche«. In: Studien aus dem C. G. Jung-Institut Zürich, Zürich 1952

Hierin stellt C. G. Jung seinen Begriff der »Synchronizität« vor, d. h. die bedeutungsvolle Wechselbeziehung zwischen körperlichen

und psychischen Ereignissen, die an und für sich keine kausale Verbindung zu besitzen scheinen – eine Idee, die mit dem Geheimnis
dessen, was wir »Schicksal« nennen, in Zusammenhang steht.

»Kommentar zu ›Das Geheimnis der goldenen Blüte‹«. Gesammelte
Werke, Bd. 13
Bei diesem »Kommentar« handelt es sich um die Interpretation eines
illustrierten chinesischen Textes.

Sachregister

Josef Rattner
Tiefenpsychologie und Politik
Eine Einführung
190 Seiten (11134)

Ein überzeugender Versuch, politisches Denken und Handeln tiefenpsychologisch zu verstehen und die Tiefenpsychologie für das Studium der Politik fruchtbar zu machen.

Einleitend befaßt sich der Autor mit den Zusammenhängen zwischen Psychoanalyse und politischer Psychologie, anschließend setzt er sich mit dem Problem psychischer Normalität und Neurose in der gegenwärtigen Kultur auseinander und bemüht sich um einen nichtkonformistischen Normalitätsbegriff. In der Beschreibung der Struktur der autoritären Persönlichkeit wird die individualpsychologische Ausgangsbasis von Herrschaft und politischer Repression analysiert. Die These, daß Wahn und Neurose nicht nur Krankheiten von Individuen, sondern auch von Gesellschaften sein können, wird an Beispielen aus der Geschichte unseres Jahrhunderts eindrucksvoll dokumentiert.

WILHELM GOLDMANN VERLAG MÜNCHEN

Goldmann SACHBÜCHER

Die vollkommene Ehe. Eine Studie über ihre Physiologie und Technik. Von Van de Velde (11115)

Das bis heute unübertroffene Standardwerk der Sexualkunde, »das noch in keiner Weise an Aktualität verloren hat. Immer noch suchen Fachleute und Laien, junge und reife Menschen in diesem Buch Rat und Hilfe«.

Stern, Hamburg

Ehekonflikte – Konfliktehen. Die Probleme der Partnerschaft. Von Hildegard Damrow/ Werner Correll (11121)

Zuerst sind zehn typische Situationen in Konfliktehen gezeigt, in denen der Leser seine eigenen Probleme wieder erkennen wird; die beigefügte Analyse wird ihm weiterhelfen. Dann folgt eine systematische Darstellung der wichtigsten Ursachen von Ehekonflikten sowie Hinweise auf tiefenpsychologische und verhaltenstherapeutische Maßnahmen.

Psychologie und Pathologie des Liebeslebens. Eine Einführung. Von Josef Rattner (11138)

Diese grundlegende Darstellung unseres Liebeslebens, seiner Schwierigkeiten und Störungen, geht von den neuesten tiefenpsychologischen Erkenntnissen aus und erhellt, daß Impotenz, Frigidität, Sadismus, Masochismus, Homosexualität, Exhibitionismus usw. psychisch bedingt sind und psychotherapeutisch behandelt werden können.

WILHELM GOLDMANN VERLAG MÜNCHEN

Goldmann SACHBÜCHER

Lexikon des Geheimwissens. Von Horst E. Miers. Mit 2790 Stichworten, 223 Abbildungen und ca. 4000 Literaturhinweisen (11142)

Ein zuverlässiges und breit angelegtes Nachschlagewerk für alle Begriffe und Ausdrücke sowie die wichtigsten Persönlichkeiten der sogenannten Geheimwissenschaften, z. B. der Esoterik, des Okkultismus, der Theosophie und Parapsychologie.

Zauberglaube und Hexenkult. Ein historischer Abriß. Von Frank Donovan. Mit 13 Abbildungen (11124)

Diese fundierte, aber auch anregende Darstellung schildert und deutet die verschiedenen Erscheinungsweisen des Zauberglaubens, der Magie und des Hexenkultes, von den frühesten Anfängen mit ihren Fruchtbarkeitsriten bis zu den Schwarzen Messen und Teufelsaustreibungen unserer Tage.

Parapsychologie. Eine Einführung in eine neue Wissenschaft. Von Aaron E. Klein. Mit 8 Abbildungen (11112)

Ein fesselnder Überblick über neue Forschungen zur außersinnlichen Wahrnehmung, zur Psychokinese, Telepathie und Präkognition. Es werden die verschiedenartigsten Experimente beschrieben, die teilweise verblüffende Ergebnisse lieferten und die Frage nach der außersinnlichen Wahrnehmung brisanter denn je erscheinen lassen.

WILHELM GOLDMANN VERLAG MÜNCHEN